教会を
通り過ぎていく人への
福音

今日の教会と説教をめぐる対話

W. H. ウィリモン
S. ハワーワス

東方敬信 / 平野克己 訳

日本キリスト教団出版局

Preaching to Strangers:
Evangelism in Today's World
by William H. Willimon & Stanley Hauerwas

---

tr. by TOUBOU Yoshinobu & HIRANO Katsuki
Published by
The Board of Publications
The United Church of Christ in Japan
Tokyo, Japan

訳者まえがき

説教者にとって、こんなにおもしろい本はそうありません。現代のアメリカの神学界を代表する二人、説教者ウィリモンが説教をし、その聴き手である神学者ハワーワスが腹蔵なく批評する。ウィリモンの説教の新鮮な言葉のきらめきに心動かされ、それに対するハワーワスの鋭い批評にうならされ、いつの間にか二人の対話の中に巻き込まれていくような思いがします。

Preaching to Strangers: Evangelism in Today's World ——それが、原著の書名です。「ストレンジャー」をどう訳すか、それが難題でした。異質な相手、見知らぬ人、よそ者など、様々に訳せます。しかも明らかに、著者たちはこの一語に様々な含意をもたせています。そこで、一つの訳語に固定することは諦め、文脈ごとに様々な語をあててルビを振りました。いずれにしても、教会の礼拝、大学の礼拝に出席することはあっても、福音に根を張ることのない人たち、「教会を通り過ぎていく人」たちに、何を・いかに・福音の言葉として・語りかけるのか、それがウィリモンの説教とハワーワスによる批評に通奏低音として流れています。しかもウィリモン自身が「あとがき」で、この「ストレンジャー」という言葉にどんでん返しを用意するという、おまけまで付いています。

ウィリアム・ウィリモンについては、あらためて詳細に紹介する必要はないでしょう。一九四六年生まれの彼は、本書が出版されたときには四七歳。すでに全米注目の説教者でした。二〇〇四年から八年間、合同メソジスト教会北アラバマ教区監督に選ばれて教授職を離れた後、再び彼のホームグラウンドであるデューク大学に戻り、実践神学・牧会学を教えています。精力的な著作者としても知られ、すでに六〇冊を超える書物を刊行しています。邦訳書も一五冊になろうとしています。

原著の出版は一九九二年。もう二四年も前です。しかも本書の背景にあるのは、アメリカの教会と大学の状況です。それでも、私は、二〇一六年、今の日本の教会と大学礼拝にとって重要な書物だと確信しています。「教会」と「福音伝道」、この二つに焦点を当てながら、説教者と神学者が真摯な対話を重ねているからです。私たち日本の教会の大部分では、三〇年前の説教とほとんど同じ内容、同じスタイルの説教が繰り返されているように思えます。説教者たちが現代と直面することなく、神学を固定化し、内容においても方法においても、福音の新しさを語り損ねているのです。それは、乱暴に言い換えれば、説教が退化している、ということです。悲しいことです。その意味では、本書の刊行は、あまりに遅すぎたかもしれません。

この書物では、キリストに従うとは危険な旅に出ることである、と繰り返されます。ですから、私たち説教者にとって、キリストに従う説教を求めるこの書物もまた、実に危険です。感性の豊かな説教者が、無傷のまま本書を読み通すことはほとんど不可能でしょう。ウィリモンとハワーワスの格闘は、私たち説教者たちをリングに引きずり込みます。私もあなたも、あまりにも個人化・内面化・実存化した説教を続けながら、福音をねじ曲げていないでしょうか。私たちの教会が、今、ダイナミックな力を失っているとしたら、それは、私があなたが、あまりにも福音を縮小し、陳腐な言葉をもって語ってきたからではないでしょうか。そして、もしもそのような傷がうずきはじめたら、今度は本書を幾度も読み返したくなるでしょう。そして、多くの宝を見出すようになるでしょう。

教会がウィリモンとハワーワスを結びつけたように、ここ日本においても、教会は私たちのあいだに不思議な友情を創造してくれます。共訳者・東方敬信先生との出会いもそうです。私たち二人は同じデューク大学に異なる時期に客員研究員として滞在、東方先生はハワーワス教授と研究を深め、私はウィリモン教授の教室で学びました。そんな私たちが隣の教会の牧師を務めていた時期、若い伝道者たちと神学研究会を始め、そこで取り上げ、一人ひとりが翻訳に取り組んだのがこの一冊でした。担当編集者・飯光さんと最初にお目にかかったのは、もうずっと前のこと。彼女は『信徒の友』の編集者として二〇歳だった私を取材してくださったのです。あれからそれなりの時が流れ、私のほうは髪の毛が真っ白になり、飯さんのほうはこの仕事が教団出版局での最後の仕事の一つとなるとのこと。これからも友情が続いていくことでしょう。教会は何と不思議で、すばらしい群れでしょう。

二〇一六年夏

平野克己

目次

装画　高田美穂子

装丁　堀木一男

＊　本書の聖書の引用は、『聖書 新共同訳』（日本聖書協会）による。
＊　訳注は〔　〕で表した。

はしがき

　わたしたちの人生は思いがけない出来事で成立しています。わたしたち二人が同時にデューク大学に着任したのも、二人がカール・バルトに影響されていた時代のイェール大学神学部で学んだのも、まったく思いがけない出来事でした。わたしたちが、喜んで共働したいと思ったのも、見知らぬ者《ストレンジャー》同士が親友になったことも思いがけない出来事だったと思います。しかし、人生とは、誰にとってもこういった「思いがけない出来事」の積み重ねでしょう。

　わたしたちの人生がそのように形成されるということは、本書の特徴と大いに関わっています。なぜなら、わたしたちの人生は、自分の経験の内側からよりも、教会を通して一貫したものの見方が与えられると信じるからです。わたしたちは、教会の説教を聴いて、自分の人生が見事に語られたと思わせられることがあります。運がよければ、わたしたちの人生は教会によって、他ではなしえないほどまで豊かなものとされるのです。教会がまさに教会であるとは、ある根本的なところで、わたしたちを神のものとしようとする人々に心を開き、自分たちの人生への影響を受け入れていくことを意味しています。

わたしたちは、本書の共同執筆を可能にしてくださった人々に心から感謝します。ゲイ・トロッターとジャックリーン・アンドリュースは、いつものようにわたしたち二人の文章を苦労してまとめてくれました。彼女たちは、まさにこの物語のヒロインです。多くの同僚や学生たちは、本書の成立に不可欠な支えと影響を与えてくれました。わたしたちは、とりわけブレンダ・ブロディーという忠実なデューク・チャペルの聴き手にこの書物を捧げたいと思います。

序文

本書は、ウィリモンが説教を一冊にまとめてはどうかと持ちかけられたところから始まりました。しかし、彼は、世の中にさらにもう一冊の説教集――少なくとも彼の説教集――が求められているとは思わなかったので、わたしとの共著にするほうがおもしろいと思いました。わたしはしばしば、ウィリモンの説教を聴いたあと、彼が語ったことではなく、語るべきであったことを指摘して彼を聖なる地獄に突き落としていたのです。そこで、彼は、一連の説教にわたしがコメントするという方法を提案してきたのです。

わたしたちは、初め教会暦にしたがって書物をまとめようと思っていました。ウィル〔ウィリモンのこと〕は、デューク大学着任以来の説教を教会暦にあわせて並べてみました。しかし、わたしは、それらを通読してみて、コメントは難しいと考えました。もちろん、その問題の一端は、わたしが他の計画で忙しかったせいでもありました。わたしにはいつも「他にしなければならないもの」があったのです。しかし、何かが足りないと思っていました。それは、わたしがどの説教集に対しても欠けているると感じていたものであり、だからこそもうこれ以上の説教集はいらないと思ったのでした。書かれた説教は、語られた説教とはジャンルが違うのです。書かれた説教にはいろいろよい点がありますす。しかし、説教が書物になったとき、何かが足りなく感じられることを心に留めなくてはなりません。それは、パウロがパウロ書簡を書いたとき、もともとは手紙だったのに、新約聖書に現れるとそれはもはや手紙ではなく、「聖書」になるのと似ています。この場合は、手紙がそれ以上のものになりました。しかし、説教の場合には、しばしばそれ以下になってしまうのです。

わたしはまったくの偶然から、本書の着想を得ることができました。ある日曜日、わたしは教会をさぼることにして、ラジオで放送されたウィルの説教を聴いていました。わたしは、ふいにその説教の語り方について、あることを彼に伝えたくなったのです。わたしが行動を起こそうという気になったのは、ラジオを通してではあっても、それが生《なま》の言葉であったからです。そのようなわけで、教会暦に沿った説教集ではなく――そのほうがいろいろな意味で好ましい本になっていたでしょうが――これはウィルが一九九一年度の前半、九月から行った一連の説教に、わたしがコメントを記した本となりました。このアプローチには、あとでその概要をいくつか説明するつもりですが、長所も短所もあります。しかし、少なくとも読者には、説教とは聴衆――というか、この場合はひとりの聴き手、つまりわたしですが――の応答を引き出すものでなければならないという意味で、説教を説教たらしめる、複合的でドラマティックな性格が感じられるでしょう。わたしたちは、本書が少なくともある程度はそのドラマを伝えるものとなることを願っています。

実は、このやり方を始めるときに、ウィルがわたしの反応を念頭において説教の準備をはじめやしないかと少々心配でした。経験を積んだ教師であるなら、そのことがお分かりでしょう。どんなにベテランの教師であっても、同僚のひとりが教室に現れると、学生にではなく、その同僚に向かって講義したくなる思いを抑えがたくなるものなのです。わたしは、ウィルが来る週も来る週もわたしが加える批評に反応しはじめるのではないかと心配だったのです。そして次の説教で反撃するようになるかもしれないと。しかし、わたしは、彼が十分経験を積んでおり、神学者に対して臆することのないかもしれないと。しかし、わたしは、彼が十分経験を積んでおり、神学者に対して臆することのない強い意志をもっていることを思い知らされました。あとで、わたしは、説教と神学の関係を理解するために、そのような態度が非常に大切である理由を記すつもりです。

わたしにとって文章となった説教にコメントすることが難しいのは、説教という教会の務めにとっていかにコンテクストが重要であるかを思い出すからです。したがって、ウィリモンのコンテクストを明らかにしようとすることは重要なことです。彼は、デューク大学チャペルの主任牧師です。デューク大学をあまり知らない人のために紹介すると、このチャペルは、ウエスト・キャンパスの中心にある堂々としたゴシック様式の建物です。大学の創設者であるデューク氏は、大学というものはプリンストン大学のように見えなければならないと考えました。そこで、デューク大学の建物は、ネオ・ネオ・ネオ・ゴシック様式なのです。それは、新しい大学をただちに伝統的な大学にしようとする試みでした。このチャペル自体は、壮大なゴシック様式の建造物ですが、わたしたちはメソジストなので、チャペルと呼ばなければなりません。いずれにせよ、メソジストには司教座聖堂《カテドラル》はありませんし。

たしかに、チャペルは、デューク大学の公式の刊行物では決まって大学の中心的シンボルとして用いられていますが、大学としてのデュークとチャペルの関係は、よく言っても曖昧なものです。デュークの経営者たちはしばしば、チャペルがすべての知識の「精神的《スピリチュアル》」次元のシンボルだと言っていますが、そのような位置づけは、チャペルが三位一体の神を礼拝する場であるという前提から、かけ離れていると思います。わたしは、デューク大学の経営者や教員たち、また学生たちにチャペルに対する悪意があると言おうとしているのではありません。というよりも、チャペルをどう扱うべきか、誰も分かっていないというわけです。それは、考古学的遺物のかけらのようなものです。捨て去りたくはない大切な遺物ですが、どう扱ってよいか誰にも分からないからです。つまり、デューク・チャペルは、生ける化石というわけです。

もちろん、アメリカ南部で信仰を消し去ることはほぼ不可能であるにちがいありません。したがって、チャペルの礼拝出席はきわだってよいのです。ほとんど毎日曜、チャペルには満杯になるほどの人が集まっています。受難週などは、座席をとるために、かなり早くから行かなければなりません。これは、一部には、チャペルのすばらしい音楽プログラムによることが大きいでしょう。このチャペルの聖歌隊は、その音楽的才能においてまさに名声を得ています。さらに、すばらしいオルガンをさらに補うためにしばしば金管楽器が使用されることさえあります。そのときの効果は、どのようなプロテスタント教会でも経験できないほど豪華なものです。

建物としてのチャペルは、壮大で、[1] そのステンドグラスは、近代建築としては傑出したものです。まさに、音楽と同様に建物も、説教の時間をみすぼらしくしてしまうほどすばらしいのです。説教の音声は聞き取りにくいだけでなく、感覚に訴えてくる幾多の刺激の中で、御言葉そのものも失われる危険さえあります。

ところが、ウィリモンは、背も低いにもかかわらず、建物や音楽にまけないほどのすばらしい説教をしています。彼は、傑出した説教者であり、神学的な教説を南部出身者が得意とする物語の賜物によってまとめあげるセンスを兼ね備えています。彼は、退屈な説教がそのまま深みを備えているわけではない、ということを知っています。だから、ためらうことなく聴衆を楽しませているのです。しかも、彼は、デューク・チャペルで説教することの可能性や限界についても自覚しています。それはすばらしいセンスです。

たとえば、個人的な会話の中で、彼はこのチャペルが途方もなく巨大な伝道集会のテントのように思える、とわたしに語ったことがあります。毎日曜彼は、救いと希望について語り、そのことによって回心者が出るかもしれない場に立っているのです。「伝道集会のテント」とは言いえて妙な表現であり、それはウィリモンの気づいていることを示しているように思われます。すなわち、説教という教会の務めが自由をもってなされていることをデューク大学が知っていればこそ、その務めは大学において維持されていくのだと、ウィリモンは考えているのでしょう。わたしがここで自由と言っているのは、デューク大学が土台としている前提によって説教の務めが決定されないという意味です。

壮大なゴシック様式の構造をもつ伝道集会のテントというイメージは、さらにそこに集う人たちの性格を正しく示しています。実のところ、「会衆（congregation）」という言葉は、おそらく強すぎるでしょう。デューク・チャペルには、組織化されてチャペルを担う活発な会衆はいますが、ウィリモンにとっては、それは教会員というような厳密な意味での会衆ではないのです。むしろ、彼の務めは基本的に、「通り過ぎていく人々《ストレンジャー》」に対する説教ということになります。いつもチャペルが満員でも、「通り過ぎていく人々」であふれているのです。もちろん、そこには、いつもいる中心グループがあります。しかし、その会衆の大部分は学生たちと観光客《ツーリスト》で成り立っています。この「観光客」とは、今日、大部分のキリスト者を表現するのにふさわしいメタファーだと言ってよいでしょう。

観光客の形態や人数はさまざまです。ある人たちは、文字どおりの観光客で、建物とその中で行われる礼拝の様子を見学するために来ています。彼らは、一回きりの出席で、二度と来ません。彼らは、クリスチャンかもしれないし、そうでないかもしれません。他の人たちは、キリスト教との関わりにおける「観光客」です。彼らは、匿名のままでいられるので、チャペルに来ているのです。彼らは、出席して、美しい音楽を聴き、知的な説教を聴くけれど、他の人々と交流することもなく、あるいは自らのキリスト教信仰と深く関わることもなく、そこを去ることができるのです。こういった観光客たちは、しばしば来ているはずです。

会衆を特徴づける「観光客」または「通り過ぎていく人々」というイメージは、ウィリモンの「聴衆」が多くの学生によって構成されていることにもっともよく具体化されています。学生たちは、まさに文字どおり通り過ぎていきます。チャペルは、彼らにとって多様な意味をもちえるでしょう。彼らはそこで、自分の「母教会」と比べ、そのような形態があることさえ知らなかったキリスト教に直面することにもなるでしょう。また、チャペルへ来ることによって、自分の背景にある信仰を何とか維持しようと必死になっていることもあるでしょう。あるいは、彼らは、ただの音楽好きなのかもしれません。

そういった特徴をいくらでも書き続けることができるでしょう。しかし、もっとも決定的な説明をするならば、ウィリモンにとって、「通り過ぎていく人々」に説教をしなければならないとは、共通の伝統をもたない人々に説教することを意味するのだと思うのです。ギリシャ人は、寄留者《ストレンジャー》とはまったく別の道徳的状態にいる人々だと考えました。ギリシャ人であるとは、同じ物語を共有することであり、そのポリスでの生活におけるさまざまな行事に際し、理解と共感をもってそれらの物語を語れることを意味していました。寄留者とは、必ずしも物語を共有している必要はありませんが、あなたの語る物語に耳を傾けることができ、またそれを理解しながらその価値を認めてくれそうな人々のことなのです。寄留者はギリシャ人のポリスの祝祭に参加するように招待されることもあれば、ギリシャの伝統の一部になりうる新しい物語を持ち込んでギリシャ人の生活に貢献してくれることもありました。しかし、ギリシャ人にとって、「野蛮人」（バルバロイ）とは、まさにギリシャの物語に耳を貸すことのできない人々でした。したがって、野蛮人に対する彼らの唯一の義務は、殺すことでした。しかし、キリスト者はもちろん、自分たちの住む世界には野蛮人ではなく寄留者が多くいると考えたのです。ウィリモンの説教は、福音をそのような寄留者と共有する試みなのです。

彼の状況に、特別な課題があることに疑問の余地はありません。たしかに大学というアカデミックな場にいることによって、彼がこうした特殊な寄留者に語りかける方法に違いが生じてきます。彼が日曜日ごとに、同じ人々に、つまり彼が知り合い親しくなった人々に説教するのではない事実は、たしかに特別なやり方を生み出すのです。説教という教会の務めは、普通は「観客」のいるテントではなく、「会衆」が構成する場所で起こるはずです。普通の教会の会衆は互いに見知らぬ人々《ストレンジャー》ではありえません。それは互いによく知っているから、というよりは、みんな同じ洗礼を受けているからです。そのような人々は、少なくとも、良質な議論を続けられるほど互いに親しくなっているはずです。ところが、ウィリモンは、好むと好まざるとにかかわらず、ほとんど共通点のない人々に説教しなければなりません。つまり意見の不一致さえ見つけられず、ましてや議論することなどできない人々に説教しなければならないのです。

しかし、今日のキリスト教会のほとんどの説教が通り過ぎていく人々に対してなされる状況にあり、またそれが本書の存在理由の一つとなっているとわたしは思っています。なぜなら、教会は、人々が自分自身の主観によってキリスト教を扱えるという奇妙な考えが広く受け入れられてしまった時代に存在しているからです。政治学的に言えば、わたしたちは、見知らぬ者《ストレンジャー》同士の協調を優先事項とする社会秩序の中で暮らしているのです[2]。たしかに、わたしたちは、自由とは、互いに見知らぬ人々のままでいられるようにすることだと考えています。わたしたちは、すでにそのような習慣を教会へもちこみ、その結果、わたしたちは神の被造物であるという物語さえ、その根底に共有していないのです。わたしたちが何らかの物語を共有しているとすれば、それは自分が自分の創造者だという主張でしょう[3]。キリスト者は、かつて自分たちを巡礼者であると理解していました。しかし今や、わたしたちは、たまたま同じバスに乗り合わせた観光客だと理解しているのです。

したがって、ウィリモンが通り過ぎていく人々《ストレンジャー》に説教するのを観察することによって、わたしたちは、今日の教会においてどのように説教するべきかを、大まかにでも学ぶことができるでしょう。ウィリモンの説教に対するわたしのコメントが示すように、通り過ぎていく人々に説教することは、きわめて危険なことです。なぜなら、牧師たちは、福音を通して通り過ぎていく人々に自分たちの人生が不明瞭なものとなっているその理由を発見させようとするのでなく、キリスト教の福音を明瞭なものとするために、つねに還元主義の戦略に誘惑されているからです。

たとえば、現代的説教について語る代表的な文章はパウル・ティリッヒの『地の基は震え動く』の序文ですが、ティリッヒはそこで次のように語っています。

> 今回、私が説教集の出版に同意したのは、二つの理由があります。神学部以外の私の学生や友人の多くが、私の神学思想は理解するのが難しいと言うのです。彼らは、私の説教のほうが、私の神学の実践的な意味——もっと正確に言えば実存的な意味——がはっきり表れていると考えました。私は、神学の厳密で体系的な性格は「実践的」であることを妨げない、つまり私たちの宗

教生活の個人的問題や社会的問題にも適用できることを妨げないことを示すために、ここに選ばれた説教が役に立つと考えています。

しかし本書の出版にはもっと大切な理由があります。私の教会で聖日礼拝に参加する人の多くが、キリスト教の外部から――最も根本的な意味での外部から――来ていました。この人たちには、伝統的な聖書の用語による説教は無意味でした。そこで私は、聖書や教会で使い慣れている用語の指し示している人間経験を別な用語で表現する言葉を探す必要に迫られたのです。こうした状況で、「弁証的」（apologetic）な説教が展開されていきました。そして私は、これが現在一般的にキリスト教のメッセージが語られるべき状況だと信じていますので、こうした状況に応える試みが出版されることは無用でないだろうと考えています。(4)

ここで注意していただきたいのは、ティリッヒの前提には、福音の言語を「翻訳」する方法、つまり、経験というすでによく了解されているものの上に福音の言語を位置づける方法を絶えず探し続けなければならないという考えがあることです。(5)しかも、彼は、それを見事に行ってみせたと言うべきでしょう。ティリッヒは、ウィリモンの聴衆と似ていなくもない聴衆にきわめて有効に働きかけ、自分の存在の意味に対する自分たちの関心、すなわち「究極的関心」こそが、キリスト教信仰の中心にあることを気づかせることができたのです。しかしその結果、教養の高いブルジョワジー固有のナルシシズムについては、キリストの福音からの根本的な挑戦を突きつけられることはありませんでした。ジョージ・リンドベックは、『教理の本質』で、ティリッヒのそのような立場を宗教の経験―表出主義の見解とみなしています。彼は、経験―表出主義を特徴づけるために、ロナガンによる宗教の説明を引用しました。それは次のような前提によって構成されています。

1、諸宗教は、共通の核心体験の異なる表現もしくは客体化である。多様に表現され客体化されたものを、それが宗教だと同定できるのは、この体験による。
2、体験は、意識されるとはいえ、自己が意識している内省のレベルでは知られない。
3、体験は、すべての人間に存在する。
4、大部分の宗教において、体験は客体化の源であり規範となる。この体験との関係の有無によって、客体化されたものが妥当であるか否かが判断される。
第五番目の点で〔ロナガンは〕根源の宗教体験の特徴をこう表している。それは「愛という神からの賜物」であるとか、その体験が完全な形でもたらされた場合には「制約のない、対象のない愛に包まれているダイナミックな状態」である、と。(6)

この経験―表出プロジェクトの中心には、異質であることへの恐れがあります。なぜなら、わたしたちがみな、見知らぬ者同士《ストレンジャー》であることを認識するなら、わたしたちは次に共通したものを探したくなるからです。もちろん、このこともまた、ティリッヒの例に見られるような弁証学的な戦略にとっては重要であり、現在のキリスト教の状況を考えれば避けることはできないようにも思えます。もしも説教者が、わたしたちは福音と同じく大切な実践・慣習《プラクティス》を共有しているということを前提にすることができなかったなら、そもそも説教を可能にするコンテクストがなくなってしまうのです。ここでわたしたちは、説教者が語るべき事柄について、何をいかに語るべきかということと同じように、語られていることを聴きとる「耳」を形づくる習慣もまた重要であることを胸に刻まなければなりません。説教とは、決定的な仕方で、そのような耳があって初めて存在するものだと言うことができるのです。

キリスト教が買い手市場に並べられていなければならないという事実のために、実に多くの説教者たちがティリッヒ流の説教の前提にとりつかれてしまうことは、分からないではありません。人々は、すでに自分が知っていると思いこんでいることを是認してもらうために、教会へ来ています。それゆえ、説教をわたしたちの経験を是認するのに奉仕させるものとしてしまうことに抵抗することはほとんどできないでいます。自分たちが経験したと思いこんでいること、すでにそのことはよく分かっているると前提していることに疑義を突きつけることなど、とてもできないのです。皮肉なことに、このことは、今日の神学的選択肢で言えば、いわゆる保守主義者にもいわゆる自由主義者にもあてはまります。自由主義と保守主義という二つの戦略は、異なる社会階級によるそれぞれの経験の説明方法をそれぞれ是認する機能をはたしているのです。

その結果、説教者にとって、キリスト教会の説教の大部分を占めている、巧妙な迎合主義的方法に対して挑戦を突きつけることがほとんど不可能なこととなっています。わたしたちは聴き手に迎合しながら、聴き手たちがすでに確立している理解の習慣《ハビッツ》にぴったりとはまるような説教をしようとしています。それは、現状にしがみついている教会の政治的迎合主義をさらに強めることにしかなりません。説教を理解しはじめるということにさえも、そのためには人生の変革、とりわけわたしたちの経済的・政治的習慣の変革が必要であるのに、そのような提案は、それがどのようなものであれまったく顧慮されることもないのです。

このような状況では、説教は、知らせを宣言するという仕方でしか近づくことのできないものではなく、聴き手がすでに知っているものを確認するという弁証学の形式をとることになります。(7) リンドベックは、弁証学の形式とは対照的に、彼が宗教の文化的―言語的叙述と呼ぶものを提出しています。

彼はそのことによって次の主張をするのです。

宗教は（普通、神話や物語で具体化され、荘厳に儀式化された）包括的解釈図式とみなされる。この包括的解釈図式によって、人びとは人間の体験や自己および世界についての理解を体系化する。(8)

文化的―言語的プロジェクトは、弁証学がキリスト教の説教の第一楽章には決してなりえないと主張します。むしろ、説教は、説教者と聴き手の両方に変革を要求する実践《プラクティス》・慣習として理解されなければなりません。そのように理解されるなら、説教とは、弁証学ではなく、むしろ福音伝道の問題となります。すなわち、説教は教会全体に与えられた使命に属するものとして理解されなければならないのです。教会は、わたしたちが選んだのではなく、わたしたちを選んだ物語によってわたしたちの人生を形づくることで、わたしたちの人生を変革《コンバート》・回心させるのです。

わたしは、リンドベックの類型論には深刻な問題があると思っています。まさに類型論という考え方それ自体に重大な困難があると思います。(9) しかし、彼のカテゴリーは、問題を発見させてくれるという形で、ウィリモンの説教にある緊張関係を理解させてくれます。ウィリモンは、福音伝道者であろうと非常に努力していますが、それでも弁証学のモードに滑り込んでしまっています。彼は、けんめいに福音を〃コミュニケート〃したいと願って、そうなっているのですが、「コミュニケーション」という概念自体が、今日、わたしたちがどのように説教すべきかを理解するうえで、非常に誤解を招きやすいのです。コミュニケーションという概念はあまりにしばしば、ある人が他人に話すことは「原則的には」理解されるはずだという前提に立っています。聴き手はその言葉と格闘しなければならないかもしれません。ある言葉は、説明を要するかもしれません。しかし、最終的には、話し手は、自分の話したいことを相手に理解してもらえるはずだ、というのです。その意味から言うと、説教とは、コミュニケーションに関することではなく、わたしたちが「理解」しているという前提に対して挑戦していくことなのです。そのことはとりわけ、通り過ぎていく人々《ストレンジャー》に向けて説教しようとする場合にあてはまります。説教とは、わたしたちは福音を聴くのに十分な「理解」をもっているという前提に挑戦することなのです。もしも宣べ伝えられていることを聴こうとするならば、説教は当然ながら、わたしたちに変革を要求してくるのです。

ウィリモンの説教に対するわたしのコメントを読んでくだされば、彼がしようとしていることをわたしが賞賛していることははっきりお分かりいただけると思います。ウィリモンは、キリスト教が語ることの奇妙さを人々が感じとれるように常に努めています。彼は、キリスト者の使用する言語が、教会を作っている基本的な実践・慣習《プラクティス》のコンテクストでのみ意味をもつことを、わたしたちに気づかせようとしているのです。彼は、聖書がわたしたちの人生を物語ることが可能となるコンテクストに、聴き手を引き込もうと試みています。彼は、聖書を再記述するという巧みな方法によってそれを行っているのです。[10] 彼は、福音が、人間の実存についてよりよい説明をするものではないことを理解しています。むしろ、それは、異なる記述を提供してくれるものであり、そのことによって、わたしたちはそれを学ぶように招かれているのです。

しかし、その再記述のプロセスで、彼は、ティリッヒのような説明方式に滑り込む誘惑にさらされてもいます。それが見られるのは、とりわけ次のような時でしょう。ウィリモンはしばしばそうするのですが、彼には譬えを「実存化する」傾向があり、その結果、譬えにある終末論的なコンテクストを失う結果にもなっています。自分たちが旅する教会（a pilgrim church）であることを――すなわち、キリストの洗礼を受けていない人とは異なる時間の中で生きていることを――理解していない人々に説教する場合、わたしたちの信仰の終末論的構造を主張するのは難しいことなのです。このような理由から、わたしはたびたび、あなたの説教はあなたが置かれているコンテクストによって制限されているね、とウィリモンに思い起こさせています。デューク・チャペルでの礼拝は、必ずしも聖餐を頂点としているわけではありませんから。

それは、この序文の初めに挙げたいくつかの問題点にわたしたちを立ち返らせます。礼拝の全体的状況から切り離された説教、教会暦の全体的コンテクストから切り離された短い期間に行われた説教、教会の務め《ミニストリー》全体から切り離された説教だけに集中することは、基本的なところで説教の本来の姿を歪めることになるでしょう。まさにある日曜に説教が不十分であっても、実際は、わたしたちの歌う讃美歌をその分力強くさせることになるかもしれません。したがって、本書の形式は、一種の歪曲ではありますが、それでもなお通り過ぎていく人々《ストレンジャー》に説教し、通り過ぎていく人々として耳を傾けるわたしたちに何らかの助けになるのではないかと思うのです。

わたしたちはとりわけ本書が教会における神学の働きについて、古く、かつ非常に新しい道を示唆するものとなることを願っています。あまりにもしばしば、現代の神学は、神学的教説の意味を基本的にはすっかり喪失してしまっているところで、それを意味のあるもののように見せかける創造的精神の反映だとみなされています。神学的教説の「意味」などということにはまったく関心のない者のひとりとして、わたしは神学についてのそのような考えに、断固として異議を唱えたいと思います。神学には、作動することをやめてしまった神学的教説に対して、よりよい形而上学および／または実存の理論を提供することによって、その教説を再び作動させることなどできません。神学の「厳密に体系的」な性格が、個人や社会の問題への適用の妨げになるわけではない、とティリッヒが示唆する場合、何か決定的な間違いがあることを示すしるしがそこにあります。なぜなら、このような神学は、まさに抽象概念にすぎず、あるいは否定的に言えばイデオロギーであるからです。それは、わたしたちが「教会」と呼ぶ身体的で具体的な条件から切り離されているからです。神学の機能とは、もしも神学的教説がふさわしく秩序づけられさえすれば、それらはいったいどのように作動しようとしているのかということについて、諸注意を与えることにあります。神学者は、何を説教するべきかを説教者に伝えることはできませんし、またそれを伝えるべきでもありません。神学は、説教という教会の務めの僕であるからです。礼拝こそ、キリスト教信仰の取りうるもっとも真実の形式です。

しかし、ウィリモンの説教へのわたしの応答から明らかなように、それは、一編の説教あるいは一連の説教に具体化された神学的主張について、わたしが神学者として何らかの見解を持つことができないという意味ではありません。それは、ウィリモンの説教が、彼の説教ではなく教会の説教であることに、わたしが留意しなくてはならないことを意味します。教会の実践・慣習《プラクティス》としての説教が、神学を可能にするのであり、その逆ではないのです。

しかし、こう述べたうえであえて言いますが、本書に対してなされうる批判のひとつは、本書がウィリモンの説教によってあまりにも支配されていることかもしれません。たとえば、わたしは、ウィリモンがもっと直接的に「教理的」な事柄について説教してほしいと思っています。たとえば、最近彼は、「キリストの先在」について説教しました。わたしは、率直に言えば、わたしたちにもっと必要なのは、そのような説教であると思っています。というのは、そのような説教がすばらしいのは、人々の生活に差し迫った実存的な関係性がまったくないからなのです。しかし、説教を聴くプロセスにおいてわたしたちが想起させられるのは、キリストに忠実に従う者として、わたしたちに与えられた救いとは壮大な広がりがあることです。それはまさに驚くよりほかないことなのです。

さらに、彼の説教が、現代の「政治」をもっと直接扱ってほしかったという思いがあります。わたしは、ウィリモンによる聖書の再記述は、わたしたちの人生を捉えている物語に想像力をもって抵抗するスキルをわたしたちが知るように手助けすることができると思うのです。たとえば、この説教が行われた一九九一年に、アメリカがクウェート侵攻に対して応じようとしていたこと、など。政治的な面から、現代の大学の本質や営みをめぐる問題へと踏み込んでいき、たとえば大学とは基本的に政治とは無関係であるという前提に論争を挑むこともできたでしょう。キリスト者には、偽りの神々に仕えるようにとわたしたちを誘う幻想に挑戦する役割があるのです(11)。

もちろん、本書の出版が可能となったのは、神学および／または説教についての強力な理論に基づいてのことではありません。そうではなく、ウィリモンとわたしが友人なので、本書はできたのです。わたしにとってウィリモン以上に楽しい人はなかなかいませんし、複雑なことを彼以上に平易に表現できる人はいないと思います。わたしたちは、互いに交友を楽しんでいますが、友情とはそれ自体を目的として維持できるものではありません。というよりも、友情は、重要と思える共同作業から育ってくるのです。その意味で、教会が可能にしてくれる友情を本書が証ししてくれることを願っています。神の教会のさらに大きな栄光を前にして、わたしたちには限界があることをみなさんにさらけ出すことを、ウィルもわたしも学ばなければなりません。もちろん、ウィルは、本書を作るうえでより大きなリスクを冒してくれました。それゆえわたしたちは、彼にすべてを負っているのです。

スタンリー・M・ハワーワス

注

(1) この建物の美しさを証明するものとして、印象的な書物が何冊か出版され、チャペルを非常に美しく見せる光を生かした写真が収められている。たとえば、*The Chapel, Duke University* (Durham, N. C.: Gothic Bookshop, 1986) を見よ。

(2) たとえば、マイケル・イグナティエフ『ニーズ・オブ・ストレンジャーズ』(添谷育志、金田耕一訳、風行社、一九九九年。*The Needs of Strangers* [New York: Viking Press, 1986]) を見よ。

(3) この主張は、明らかに近代主義を形成した社会・政治学理論における理にかなった論争点を含んでいる。わたしの問題提起は次の点に関する。すなわち、近代主義の物語が、わたしたちに物語がなかったときに、わたしたちが選択した、その物語以外に何も持つべきではないとみなすことである。わたしたちはそれを自由な立場と呼んでいる。ただし一つだけ難題がある。わたしたちが自由な立場から選択した物語以外に物語を持つべきではないという物語が、わたしたちの選択した物語ではないということを認識しそこなっているのである。たしかに、近代主義は、わたしたちのいわゆる自由をわたしたちの宿命とする試みである。わたしたちは、自分自身の自己の選択者であるということから逃れられないのである。その結果、わたしたちは、他者から選択された存在であることを認識できないのである。この議論のさらなる展開は、拙著 *After Christendom*（Nashville: Abingdon Press, 1991）を参照してほしい。

（4）パウル・ティリッヒ『地の基は震え動く』序文（茂洋訳、新教出版社、二〇一〇年。Paul Tillich, *The Shaking of the Foundations* [New York: Charles Scribner's Sons, 1949], Preface）。チャールズ・キャンベル牧師によって、ティリッヒの序文を知ることができた。そのほかにも、本書の序文を執筆するうえで大切な示唆を与えられたことを感謝したい。

（5）この翻訳の概念は、極めて複雑である。たとえば、アラスデア・マッキンタイアの *Whose Justice? Which Rationality?* (Notre Dame, Ind.: University of Notre Dame Press, 1988, pp.370-388) の議論を参照。

（6）G・A・リンドベック『教理の本質』（田丸徳善監修、ヨルダン社、二〇〇三年）五〇頁（George Lindbeck, *The Nature of Doctrine: Religion and Theology in a Postliberal Age* [Philadelphia: Westminster Press, 1984], p.31）。

（7）「聴き手がすでに知っているものを是認する」は、問題を提起するにはおそらく弱すぎる表現である。なぜなら、わたしたちが是認してほしいと願っているのは、単にわたしたちの知っていることだけではなく、わたしたちの知っていることを形づくっている実践・慣習だからである。たとえば、ほとんどのアメリカ人は、福音を聴くための必要条件として、アメリカ合衆国への忠誠に疑問が付されるようになることは願っていない。その結果、福音を説教しまた聴くことに不可欠な批判の刃をまさに失っているのである。

(8) リンドベック『教理の本質』(邦訳五二頁)。

(9) 類型論はまさに偽装される危険がある。全体としてリンドベックはその誘惑を避けることができていると思う。しかし、彼の類型は、ある点であまりにも類型化してその立場を歪めている。しかし、リンドベックの戦略に対するわたしのより深い懸念は、「宗教」というカテゴリーが理解不能だとする彼の前提にある。

(10) もちろん、わたしは、再記述という見解をハンス・フライの業績からかりている。とりわけ、マーティン・ラムシャイト(Martin Rumscheidt)の編集した *Karl Barth in Re-View* (Pittsburgh: Pickwick Press, 1981)に収められているフライの「エバーハルト・ブッシュのカール・バルト伝の後書き」を参照。終末論的視座と再記述の必要性の相関関係は、複雑であり、重要である。キリスト者が、洗礼を通して、新しい秩序と新しい時間に属する者となったと信じるなら、わたしたちを形づくっている歴史を理解する仕方は、自分たちの存在は神によって規定されるものではないと信じている人たちの理解の仕方とは、当然まったく異なるはずである。

(11) ウィリモンとその説教についての論文として"Does Willimon Make Sense?" (William Sachs, *The Christian Century*, April 19, 1989, pp.412-414)、"The Prince and Preacher," (Martin Copenhaver, *The Christian Ministry*, July-Augst, 1990, pp.12-16)、"Pumping Truth to a Disinclined World," (Marshall Shelly and Jim Berkley, *Leadership*, Spring 1990, pp.128-137) をみよ。

第1章 自由

復活節第7主日
使徒言行録16章16―40節

牢の土台が揺れ動いた。たちまち牢の戸がみな開き、すべての囚人の鎖も外れてしまった。

「ぼくがニューヨーク暮らしが好きなのはね」、彼は続けました。「君が住んでいるところとは違って、自由があるからなんだ。食べたいものを食べ、着たいものを着て、自分のライフスタイルを選んで生きていく自由がね」

そうして、いっしょに部屋を出ると、彼はドアを閉めました。そのドアに掛けがね、とびら錠、チェーン錠をかけ、警報装置にスイッチを入れ、彼は言いました。「この装置のスイッチを切らずにドアを無理に開けようとしちゃだめだよ。そんなことすると大騒ぎが始まって、警官に射殺されることにもなりかねないからね」

もしもこの朝、ここにいるわたしたちの誰もが支持する徳目があるとすれば、それは「自由」です。われわれアメリカ人は、税金について、国防について、対中米政策について、そして、ピザ・ハットとピザ・イン、いったいどちらの店のクラスト〔ピザの生地〕がおいしいか、ということについては意見が食い違うかもしれません。それでも、自由はよいもの、ということについては、みな賛成です。信教の自由。選択の自由。

わたしの家には「フリーダム・フォーン」と呼ばれるコードレス電話があります。この電話で話をすると、音質がひどくて、相手がまるでモスクワにでもいるかのように思えることも多いのですが、そんなこと、わたしにとってはたいしたことではありません。何しろ、家の外にいても、自由に電話に出られるのです！

「真理はあなたたちを自由にする」。わたしが通った高校の玄関に刻まれていた文字です。Veritas vos liberabit（ウェリタス・ウォース・リベラービト）。わたしは、それは校長先生の思いつきで刻んだもの、男子トイレにある「ノー・スモーキング」という貼り紙のようなものだとばかり思っていました。けれどもそうではありません。これは聖書にある言葉なのです。

真理については、高校時代にはどうでもよいように思っていましたけれど、こと自由ということになると、ああ、どれほど必死になって追い求めていたことでしょう。自由——それは若者たちにとって、尊い憧れです！　自動車を持って、行きたい場所に行き、したいことをする自由。どこへ行き、どこから帰って来たのか、いちいちママやパパに説明しなくてもよい自由。

自由——それは、学問世界にとって、尊い財産です。ここデューク大学で起きた「バセット事件（The Basset Affair）」〔一九〇三年、トリニティカレッジ（現デューク大学）の教授ジョン・スペンサー・バセットをめぐって起こった事件。彼は、人種間の関係の再考を訴え、アフリカ系アメリカ人たちの中にどれほどすばらしい人々がいるかを論文で発表した。それに対して、政治勢力のみならず新聞・雑誌までもが辞任要求を大学に突きつけ、圧力をかけたが、大学理事会はそれを拒否し、学問の自由を擁護した〕は、この国における学問の自由にとって画期的な出来事でした。思想の自由。教育の自由。出版の自由。

そして、説教の自由——語ることを神に求められていると思うところを語る自由。

学問の自由？　あらためて講義の準備なんかしないで、黄ばんだノートの焼き直しで済ませる自由。講義が退屈になっても、そんなことにはおかまいなしでいられる自由。学問の自由とは、結局そんな意味でしかないことがあまりにも多すぎます。

説教の自由？　そんなものが必要でしょうか。説教が、使い古された耳障りのいいお決まりの文句を、飲みやすくするために流行の心理学の砂糖でくるみ、それを朗々と繰り返してみせることなのだとしたら。

自由？　防犯装置と薬が入った戸棚に囲まれながら、わたしたちは恐れています——心臓発作、インポテンス、心の病、自己破産——。これが「自由」というものなのでしょうか？

われわれアメリカ人は、過去に前例がないほど大きな自由を市民に与える社会を築いてきました。このわたしには、同じことをしているみなさんとぶつかり合いさえしなければ、自分の望むことを積極的に追い求めていく実に広い領域が与えられています。われわれが「文化」と呼んでいるものは欲望の巨大なスーパーマーケットであり、そこでは市民は、自分の利益だけに関心がある消費者とかわるところのない存在として扱われています。このわたしには選択の自由が与えられていますが、いったい何を選択したらよいのでしょう？　わたしたちは自由です。しかし同時に、ひどく孤独で、ひどく追いつめられています。九時から五時までの労働、毎月の貸し付けローンの返済、スケジュールでいっぱいの子どもたち、大学での成績をめぐる食うか食われるかの競争——これが、わたしたちの自由なのです。

そうではありませんか。ここに自由があり、あそこにも自由がある。そして、わたしたちの問題、この自由という事柄の問題は、わたしたちには本当の自由とは何であるかを知ることさえゆるされていないことなのです。

　使徒言行録はすばらしい物語を語っています。物語の名人であるルカは、物語を語りながら、聴く者が自分で結論を出すことができるようにさせています。使徒言行録の今日の聖書の箇所は、捕らわれていた人と自由だった人についての物語です。耳を傾け、この物語の中でいったい誰が自由であるのかを、どうぞ考えてみてください。

［使徒言行録16章16―34節を朗読］

　パウロとシラスは、ある日教会へ行く途中、奴隷の少女に話しかけられました。彼女には人の運勢を占うことができたので、主人たちは、彼女を貸し出して手相を見させたり、ビジネス会議の余興役をさせたりして、金儲けをしていました。彼女は悪霊に取り憑かれていました（心を病んでいた、ということでしょう）。彼女は、パウロとシラスにつきまとい、二人に向かって叫び、二人のことについてあれこれ言うのでした。

　ここに、奴隷とはいったいどのようなことであるかが描き出されています。心を病む苦しみを味わったことがある人ならば、また、愛する人が統合失調症や重いうつ病にかかったことがあるならば、奴隷とはどのようなことであるかが分かることでしょう。まるで何ものかに捕らえられているかのようであり、しかもそれをどうにも振り払うことができず、暗い何ものかの力、手には負えない力がやって来て、自分にはどうすることもできないのです。

パウロは、この荒れ狂う若い女性にたまりかね、キリストの名によって彼女を癒します。さあこれで、彼女は自由になれる！

いや、しかし、まだ自由ではないのです。彼女は奴隷であり、ひとりの人間ではなく、一財産であり、他の人間に所有されているからです。みなさんの中にも、ご自分のルーツを辿り、家系を辿るなら、売買の対象とされた曾お祖父さん、曾お婆さんに行きあたる人がいるでしょう。奴隷。捕らわれた人間、というイメージを表すのに、これ以上鮮明なものがあるでしょうか。

ルカは語ります。「この女の主人たちは、金もうけの望みがなくなってしまったことを知り、パウロとシラスを捕らえ、役人に引き渡すために広場〔市場〕へ引き立てて行った」。なんと、ここにビジネス業界が登場してくるのです！

ある日、イエスは精神が錯乱した男を、悪霊を豚の中に入らせることで癒されました（ルカ8・33）。この慈しみに満ちた行為のために、イエスはただちに、その地方の養豚業者組合によってその場所から追い出されることになりました。

また、このあとにもエフェソと呼ばれる場所で、パウロは大規模なリヴァイヴァルを体験しています。多くの人々が回心し、それはまことにすばらしいものでした。けれども、地元の国際アルテミス神殿銀細工師連合会第一八四支部のメンバーだけは別でした。彼らにとってはまったく意に沿わないことでした。

ある神学部の学生が、教会活動のリーダーをつとめ、彼の住む町でクリーンアップ運動を行いました。すばらしいことです！　その町を清浄化し、猥褻本や居酒屋を一掃し、子どもたちや家族にとってもっと住みやすい場所にするのです。けれども、いや、それはまずいことでした。彼はやがて、教会の有力なメンバーのひとりが、高校の向かいで、コンビニエンス・ストアを経営していることを知ることになったのです！

わたしの友人、リンチバーグにあるファースト・プレスビテリアン・チャーチの牧師、ジョン・キリンガーがこの秋にここで説教をする予定です。ジョンは、ある説教の中で、ジェリー・ファルウェル〔一九三三―二〇〇七。キリスト教右派を代表する伝道者、政治団体「モラル・マジョリティ」の創立者。キリスト教原理主義の立場から政治に対しても大きな発言力を持った。ヴァージニア州リンチバーグに教会員二万人を超える教会を築き、リバティ大学を設立。社会的に大きな影響力を持った〕を批判したそうです。ジョンの教会のメンバーは誰ひとりファルウェル牧師の教会に出席していませんでしたし、その神学に賛成する者はひとりもいませんでした。しかし、月曜日の朝に苦々しくも知らなければならなかったことは、教会員の多くが、リバティ・バプテスト〔ファルウェルが主宰する財団〕から融資を受けたことがあったり、ファルウェルが行っている事業と関わり合ったりしていることでした。

ここでこの若い女性は、それまでの人生を精神的な病という地獄に繋がれていましたが、自由になりました。そこに喜びがあるはずです。しかし、そのとおりにはなりませんでした。彼女の主人たちは、いっしょに喜ぶ自由を持ち合わせていなかったのです。昨年の秋に行われた精神衛生協会のイベントに一ドルの寄付をするだけのことなら問題にもならなかったでしょう。けれども、ここで起こっていることはそんなことでは済みません。どういうものか、信仰の事柄と経済の事柄とが、ここではない交ぜになりながら、事が進んでいます。主人たちは、受益者が利益を脅かされるときには必ずするようなことをしています。

なるほど、われわれは、神は商売の妨害をなさることがある、ということを、はっきり口に出して言うことはありません。われわれはそこまで愚かではないのです。そうではなくて、われわれは傍らに広告会社をはべらせながら、カメラの前ではどのようにしゃべったらよいのか、報道記者たちにはどのように答えれば、企業向けのよい顔を保てるのか、ということを学んでいるのです。

こんな広告を見たことがあるでしょう。「ねえ、パパ、ぼくはX化学工業会社で働きたいな（パパはこの会社のことを知っているでしょ。ヴェトナム戦争の時代にナパーム弾を造ったあの会社だよ）。そしてね、飢えている人たちのために野菜や動物を育てたいんだ」

この少女の主人たちはこのように言うのです。「高官のみなさま、わたしどもは、ささやかな信仰に対して、反対するものではありません。その信仰が自分の領分をわきまえていさえすれば。しかし、このユダヤ人たちは、わたしどもの町を混乱させています。ローマ帝国の市民であるわたしどもが受け入れることも実行することも許されていない風習を宣伝しているのです」

いいえ、そうではないのです。わたしたちは、自分たちの経済的利益が脅かされている、というように、はっきり言わないのです。そうではなく、われわれの国が脅かされている、という言い方をするのです。「この宣教師たちは外国人です」。外国製品ではなく、アメリカ製品を優先購入せよ！

その上、彼らはユダヤ人です。ユダヤ人とは、いったいどのような人々であるかはご存じでしょう。金に目のない、物質主義者。

そして、もしもナショナリズムも反ユダヤ主義も通用しないなら、昔ながらの信仰に訴える手段に出ながら言うのです。「彼らはわたしたちが実行することを許されていない風習を宣伝している」。国家、人種、伝統——すべては金銭に仕えるべきものなのです。

続いて、群衆が（民主主義の発動です）、商売人のリーダーたちと行動を共にします。群衆はパウロとシラスを責め立て、鞭打ちます。

パウロとシラスは、町の牢獄の奥の小部屋に放り込まれ、看守によって木の足枷《あしかせ》がはめられます。

解放者が、捕らわれの身となってしまいました。イエスは、あわれな若い女性を自由にされましたが、その過程で、この二人のイエスの弟子たちは投獄されたのです。

「あなたたちは真理を知り、真理はあなたたちを自由にする」と説教された方。その方が、結局はどのような最期を迎えたか、みなさんはご存じのことでしょう。

ですから結局はパウロとシラスも投獄され、苦しむことになる。ところが、話の展開はそうではありません。物語は続きます。「真夜中ごろ、パウロとシラスが賛美の歌をうたって神に祈っていると、ほかの囚人たちはこれに聞き入っていた……」。ちょっと待ってください。鎖に繋がれ、足には木の枷をはめられた男たちが、歌い、祈り、伝道集会を開かんばかりの様子です。牢獄にいるというのに。

二、三年前のこと、わたしたちはアンゴラ〔一九七五年にポルトガルより独立。一九七九年から一九九〇年まで社会主義路線を敷き、内戦状態が続いた〕のメソジスト教会の監督エミリオ・デ・カルバリョの訪問を受ける光栄に浴しました。マルクス主義国家における教会とはどのようなものなのでしょう。わたしたちは、そのことを知りたいと願っていました。そこで尋ねました。「新たなマルクス主義政府は、教会に協力的ですか？」

「いえ」、監督は答えました。「けれども、われわれは政府に対して、教会に協力するようには求めていません」

「これまで緊張関係があったのではないですか？」、わたしたちは尋ねました。「ええ」、監督は言いました。「ついこのあいだ、教会内の女性組織をすべて解体するように、との法律を政府は制定しました」

「それでも、女性たちは集会を続けました。政府にはまだそれをとどめるほどの力はないのです」

「しかし、政府がさらに力をもつようになったらどうするおつもりですか？」

「そうですね」、監督は続けました。「われわれは集会を続けるでしょう。政府は、なすべきことをなす。教会もまた、なすべきことをなすのです。もしもわたしたちが教会であり続けるために牢屋送りとなるなら、牢屋に行くでしょう。牢屋は、伝道のためにはすばらしい場所です。多くの者たちが投獄されることになったあの革命の期間、われわれの教会は実に大きな収穫を得ました。牢は、たくさんの人々が集まってくる場所です。説教し、教える時間が与えられています。あの革命の期間、たしかに二〇人のメソジスト教会の牧師たちが殺されましたが、われわれが牢屋を出たとき、人数も力も、それまでよりもずっと豊かな教会になっていたのです」

そしてカルバリョ監督は、わたしたちの質問がずれていくのに気づいたかのようにして、こう言いました。「アンゴラの教会のことはどうぞご心配なく。神はわれわれによいことをしてくださっています。正直に言いますと、わたしには、ここイリノイ州のエバンストン〔シカゴ郊外にあり、ノースウェスタン大学のメインキャンパスを抱える住宅街）で牧師をするほうがずっとたいへんなことのように思えます。ここには、物があふれかえっています。この地で、教会が教会であり続けるのは、ずいぶんとたいへんなことでしょうね」

大地震が起こり、牢の土台が揺れ動き、牢の戸がみな開き、すべての囚人の鎖も外れてしまう。看守は目を覚まし、牢の戸が開いているのを見て、震え上がります。囚人たちが逃げ出せるようになってしまっていると知ると、不名誉を犯した責任を取ろうとして、看守は剣を抜きます。（誰かの独房の鍵を持っているからといって、自由になれるわけではないのです。鉄格子のはまっている場所が牢獄ではありません。）

パウロは叫びます。「自害してはいけません！　わたしたちはみなここにいます！　賛美しながら！」

看守は尋ねます。「鎖に繋がれていたあなたがたは、もう自由に逃げられるようになったんですよ」

パウロは答えます。「そうではありません。わたしたち囚人たちはここにとどまっているという自由がありますけれど、看守のあなたは剣という鎖に繋がれています。けれども、あなたはいま自由になり、逃れることができるのです」

看守は尋ねます。「救われるためにはどうしたらよいでしょう？　自由になるためにはどうしたらよいでしょう?」」。そして、看守は洗礼を受けたのでした。

自由とは何なのでしょう?　ルカが語るこの物語の最後には、最初は自由であるように見えた人たちはすべて――主人たちも高官たちも看守も――、実は捕らわれ人であったことがはっきりします。そして、最初は捕らわれていたように見えた人たちはすべて――あの少女もパウロもシラスも――、自由な者たちなのです。

イエスは、そのようなことを人々に対してなさる方なのです。

あなたは誰かに操られてはいませんか?

教会の女性会議で、ある人が立ち上がって発言しました。「女性たちの大義のために、これまで教会が検討してきたことよりもずっと進んだことを政府がやってくれました。政府の力によって、女性たちはついに職場でも、男性と同等に扱われるようになったのです」

ちょうどそのとき、わたしはラジオが次のように言うのを聴いたばかりでした。歴史上初めて、喫煙による女性の肺癌率は男性並みになった。高血圧、心臓病、そのほかストレスに起因する病気の割合が女性たちの間で増えています。それほど遠くない将来、アメリカ人女性の平均寿命は男性の平均寿命並みに短くなるだろう、と予想する人たちもいます。

あなたがずっと追い求めてきたのは、今あなたのいる場所に辿り着くためだったのでしょうか?

ここでもあそこでも、自由、自由、自由。

すでにイエスは、このように言われています。「わたしの言葉にとどまるならば、あなたたちは本当にわたしの弟子である。あなたたちは真理を知り、真理はあなたたちを自由にする」（ヨハネ8・31—32）。

それを聞いた者たちは、頭を上げ、胸を張って答えました。「『自由にする』っていうのは、いったいぜんたい何のことですか？　われわれはアブラハムの子孫です。誰かの奴隷になったことなんかありません。『あなたたちを自由にする』なんてことを、なぜ言われるのですか？」

それは嘘でした。自分たちの自由を誇らしげに語った者たちは、ローマ皇帝に首根っこを押さえられていました。彼らは、エジプトの奴隷であったし、アッシリアの奴隷、バビロニアの奴隷でした。そして今はローマの奴隷、軍隊によって町を吹き飛ばすことのできるほど大きなものの奴隷でした。本当のことを言えば、彼らは自由ではなかったのです。彼らが自由を誇っていた声とは、彼らを繋いでいる鎖ががちゃがちゃ鳴る音だったのです。

だから、イエスは言われました。「もし子があなたたちを自由にすれば、あなたたちは本当に自由になる」（ヨハネ8・36）

親愛なるウィル

　とてもすばらしい説教だと思います。この方式を用いるときの一つの誘惑は、コメントしなければならないとなると、いつも批判的なコメントになってしまうということです。それはよいことではありません。なぜなら、説教について、批判は何もなく、その説教をある種の神学的テーマに位置づけるだけでよいと思うこともあるからです。

　たとえば、この説教がすばらしいのは、神学がテキスト内在性の行使であることを示すために、ハンス・フライとジョージ・リンドベックがその神学的提案の中でやろうとしていることを、あなたが説教の中で行っていることだと思います。あなたがアメリカにおける自由の前提からスタートすることによってなそうとしたことは、使徒言行録のような聖書テクストを通してわたしたちの生を読み取るのを難しくしているのは、まさにその前提であると示すことでした。わたしたちにとって自分たちの生を聖書的に読み取るのは難しいのです。なぜならわたしたちは、パウロとシラスと同じ自由をすでに得ていると考えているからです。たしかに、わたしたちは、選択の自由と聖霊の自由を混同してしまっています。となれば、国家による統治の本質についてのリベラルな前提がいつもいかに巧妙な形で隷属にすり替わってしまうかについて、政治理論を繰り広げながらわたしも講義をしてみたいという思いが湧いてきました。

少しばかりフーコーを持ち出すなら、近代啓蒙主義の考え方があればこそ、権力の側が管理体制をいっそう強化できたのだと示すことができるでしょう。あなたには、そうすることができたはずですが、わたしは、そうしなかったことをとてもよかったと考えます。あなたはもっと直接的なイメージを採用し、わたしたちの生とパウロやシラスの生を並べて比較するように助けてくれました。しかし同時に、これらの理論的問題がささいなことではないと指摘することは有益だと思います。それらのことは、現在わたしたちをとらえている隷属、わたしたちに自由と呼ばせようとさそってくる誘惑がいったいどのようなものであるか、情報を与えてくれるからです。ジョージ・バーナード・ショウは、どこかで、地獄とは自分のしたいことをしなければならない場所であると言いました。そして、アメリカでは、わたしたちはそれを自由の地と呼んでいるのです。

しかし、さらにしっかり考えなければならない問題の一つは、自由についての政治的理解とその経済的理解を関連させる仕方でしょう。あなたは、このテクストの背景に経済問題があることを見事に指摘しました。しかし、あなたは、それをさらに展開しないまま、説教の最後に再び政治的自由について論じました。もちろん、これら両者をあまり厳格に区別してはならないでしょう。政治的自由と経済的自由を別のものとするのは、資本主義経済だけだからです。しかし、あなたは、わたしたちがこの国において経済力のある人々を支援する政治的世界にいかに従属しているかを示唆することによって、もう少し経済問題を展開してもよかったと思います。そうすれば、資本主義的利益によって規定された政治体制を維持することは、経済力のある人々にとって有利なのだということを、経済力のない人々に確信させることができたでしょう。

まさに、この点において、あなたの説教に欠けていた神学的素材は、罪の問題を全面的に問うことであったように思います。あなたは、女奴隷の所有者が福音に出会ったまさにそのときに、パウロとシラスを投獄したのだ、と指摘するべきでした。なぜなら、わたしたちは自分の罪があらわにされるのを望まないからです。したがって、経済的利益について語るとは、罪について別の仕方で語る道でもあるのです。しかし、罪は、このテクストに新しい次元を付け加えます。というのは、それは、新しいオルタナティヴな道が与えられることがなければ解放されないような力にわたしたちが捉えられていることに気づかせてくれるからです。悔い改めて洗礼を受けるようにとの招きは、ただ個人的回心への招きであるだけでなく、この世に対してオルタナティヴな道をこのわたしに与えてくれる、現実の民に具体化された新しい実践《プラクティス》・慣習に参加するようにという招きなのです。

あなたの説教の結論は投獄のモチーフに非常に重きをおいていますが、今述べたことから考えると、あなたはこのモチーフを用いて、キリスト者の自由とは、敵にはわたしたちの死の意味を見定めることができないことによって訪れるという主題を展開するべきだったと思います。アンゴラの教会についてエミリオ・デ・カルバリョ監督が語った物語に、わたしは心がふるえる思いがしました。彼と彼らの勇気が極めて注目すべきであるのは、二〇人のメソジストの牧師が革命のときに殺害されたという認識ももちろん恐るべきことですが、それより彼らを聖徒として想起する仕方を知る教会がなくなることのほうがさらに恐るべきことだということです。彼らを聖徒として想起できるとは、彼らを殺害した人たちにはその死の意味を規定できないということなのです。

ここでこそ、ジョージ・リンドベックの「テキスト内在性」が力を発揮します。キリスト者は、抑圧者の物語とは異なった物語に生きています。したがって、その物語の中で死を迎えることは、わたしたちを死に追いやる者たちが押し付けていると考えている死とは違うものなのです。パウロとシラスが鎖に繋がれながらも自由だったのは、自分たちの人生を捉えている物語が真理だと彼らが知っているからです。したがって、この使徒言行録のテクストはこの世界を完全に別の視点から見たものなのです。その世界では権力と自由をもっているように見える人たちが実はすべてそれらに隷属しており、そうは見えない人が実は自由であることを、あなたは見事に指摘してみせました。わたしは、わたしたちの死の意味の問題は非常に重要だと思っています。というのは、看守がいつも剣に依存していたのに対して、イエスがもたらしたコンテクストによってパウロとシラスがどれほど自由になったかを、もう少し説教で語ることができたかもしれないと思うからです。

あなたが説教の中でもう少し考察できたかもしれない小さな釈義的課題があります。なぜ、パウロは、悪霊に取り憑かれていた少女が彼とシラスの後ろについて来て、彼らこそいと高き神の僕と呼んだことにいらだったのでしょうか。たしかに、彼女は、パウロたちのことを正しく分かっていたのです。それは、いくらかでも良い宣伝になったはずです。それなのに、パウロはなぜいらだったのでしょうか。彼女が精神的に病んでいたというのは、時代錯誤の解釈です。聖書は、彼女が占いの霊に取り憑かれていたと言っています。つまり、精神的に病んでいたのではなく、本当に霊に取り憑かれていたという意味なのでしょう。わたしは、パウロのあのような行為がまさにパウロ的だと思うのです。つまり諸霊がもはや無力になった新しい世界に、パウロが属していたからだと考えます。だから、あなたは、パウロが彼女をその力から解放したことと看守を捉えていたある種の力とを対比すればよかったかもしれないと思います。

自由と力の関係について、わたしが理論を用いて語ったならもっと長くなるであろうことをすべて、あなたがすばらしい方法で語ったことに感銘を受けています。それは、現代の社会的、政治的理論の洞察の一つ、とりわけフーコーとデリダに見られるもので、現代の解放の形態はわたしたちをさらに決定的に抑圧する形態でしかない、なぜならわたしたちはそれが抑圧であると気づかないから、という洞察です。たとえば、フーコーは、死への恐怖がわたしたちを現代の医療という権力に従属させる仕方を見事に発見しました。それはまさに、医療が与える力によってわたしたちが運命を否定できると思うからです。皮肉なことに、わたしたちは医師たちの権力のもとにおさえられているのです。

わたしがとてもすばらしいと感じたのは、理論を用いた議論などなしに、説教で提供したイメージによって、このことを引き出す道をあなたが見出していたことです。そうしたイメージのすべてが、理論と説教という形式の間にある関係について考えさせてくれました。わたしは、説教という形式こそ、よりよい議論の仕方かもしれないと思っています。

平安あれ

スタンリー

第2章 生けるいけにえ

始業聖日（Opening Sunday）
聖霊降臨節第13主日
ローマの信徒への手紙12章1―8節

兄弟たち、神の憐れみによってあなたがたに勧めます。自分の体を神に喜ばれる聖なる生けるいけにえとして献げなさい。これこそ、あなたがたのなすべき礼拝です。あなたがたはこの世に倣ってはなりません。むしろ、心を新たにして自分を変えていただき……なさい。

前任教会にいたある人のことですが、彼はしばしば礼拝の終わりに、わたしの手に新聞記事を押し付けるようにしながら挨拶をしてくれました。それはたいてい『ウォール・ストリート・ジャーナル』からの切り抜きでしたが、説教者を教育するという果てしない闘いにそれが役立つと彼は考えていたのでした。

ある日曜日、彼は有名なコラムニストの書いた記事をくれました。それは、シカゴの若い女性についての記事で、彼女の赤ちゃんが栄養失調とネズミに咬まれてかかった感染症の合併症によって死んでいたことが判明したとき、どういういきさつで起訴されたかについて書かれたものでした。どうしてそんな記事をよこすのか？　わたしは最後にやっと分かりました。「人工中絶のような問題に関して何がなされるべきかをいつも話しているような説教者は、象牙の塔から現実の世界に出てゆくべきだ。そうすれば物事が違って見えるだろう」とコラムニストは言っていたのです。

このような議論はあなたも耳にしたことがおありでしょう。これは説教者だけではなくキリスト者全般に向けて言われるのです。もしわたしたちキリスト者が「現実の世界」を受け入れることを学び、「事実に向き合う」ことができさえすれば、物事は違って見えるはずだ、というわけです。

しかし、キリスト者へのそのような要求は真実の問いを呼び起こします。わたしたちが適応しなければならないような「現実の世界」とはどこにあるのでしょうか？　何が現実であるかを誰が決めるのでしょう？　シカゴの安アパートで赤ちゃんが栄養失調とネズミに咬まれたことが原因で死ぬような世界が「現実の世界」なのでしょうか？　そんな世界にわたしたちは適応しなければならないというのでしょうか？

今年の夏の始めに、「クレイジー・ピープル」〈原題“Crazy People”一九九〇年公開〉という映画を見ました。すばらしい映画というほどではありませんが、その内容はとてもおもしろいものでした。それは精神科病院の患者についての話ですが、いろいろ奇妙なことが起こって、高額の報酬が得られる広告業界の仕事が与えられます。なぜなら、こうした人々はまさに真実を言い当てる広告を書くものだからです！　その宣伝文句の一つはこうです。「あなたは彼を愛していらっしゃいますね。でも、彼が死んだら一〇万ドルとメルセデス・ベンツが欲しいでしょ？　ジョン・ハンコック生命保険」。アメリカの社会は、長い間嘘を聞かされてきたので、このような真実を告げる広告を、何か奇妙ですばらしいものに感じるのです。

そのような世界においてわたしたちが集まるとき、たとえどれほど美しい音楽とすばらしい建物の中にあっても、わたしたちがここでしていることに対して刃が突きつけられています。それは対立する緊張関係、「現実とは何か」をめぐる論争の中に立たされる経験です。

「神の憐れみによって……自分の体を神に喜ばれる聖なる生けるいけにえとして献げなさい。これこそ、あなたがたのなすべき礼拝です。あなたがたはこの世に倣ってはなりません。むしろ、心を新たにして自分を変えていただきなさい」

「自分の体を神に喜ばれる聖なる生けるいけにえとして献げなさい。……この世に倣ってはなりません。むしろ、自分を変えていただきなさい」。これが与えられている御言葉です。この新しい年度の最初の日曜、まさにその一番初めに、今日、わたしたちすべてがこの礼拝堂に呼び集められているのは、現実とは何か、正常とはどういうことかについての論争に加わるためであることを率直に認めておきましょう。

これからここで行われるのは宗教学の講義ではありません。一学期の間、社会学、人類学、あるいは歴史学としての宗教を語り合ったとしても、そんなことで得られる真実などどうでもよいものです。なぜなら、授業では、何が真実かについての決断など所詮誰もしようとはしないからです。

もっと率直に申し上げましょう。わたしがこの朝も、そしてほとんどの日曜にもここにいるのは、みなさんを回心させるためです。控えめな目標として言うならば、この礼拝の終わりまでに、みなさんをあの聖餐台の上に上がらせ、自分自身を「いけにえ」とするようお勧めするためです。それは、献金皿に一ドル置くのではなく、みなさんの体をあの聖餐台に置くこと、つまり、みなさんを礼拝へと導くことです。

もちろん、この大学の他の人々も、みなさんを回心させたいと思っています。ただ一つ違うのは、わたしのほうは、大統領選の討論会でのウォルター・モンデールのように、わたしの計画をみなさんにお話ししますが、大学の他の人々のほとんどの方は、ロナルド・レーガンのようにそのことは黙っています。わたしたちはみなさんをこの大学に迎え、さまざまなコースを課します。そして、「無理にあれこれ押し付ける」のではなく、みなさんが「自分で決めてほしい」とお話しします。しかし、人々が「自分で決める」ことを促す教育観自体が一つの哲学にほかなりません。その哲学とは、真実のもっとも重要な側面は、それが実際に真理であるかどうかにではなく、みなさんが個人的にそれを真理と感じるかどうかにかかっていると前提しているのです。

わたしが申し上げたいのは、この大学でのみなさんの勉学の大部分は、哲学的観点、つまり、何が真で善なるものかということについて、何らかの前提から始まっているということです。厄介なのは、わたしたちのここでの研究の大部分が、それらの哲学的前提がどのようなものであるのかということについて何も知らされないままに進んでいくのです。わたしたちは、みなさんが「自分で考える」ことと、そして「自分で決める」こと――それ自体が一つの人生の哲学ですが――を望むと言っているその間中ずっと、忙しくみなさんを口説き、ある種の人生の哲学へと回心させようとしています。

大学は一連の哲学的前提に基づいて動いているということをわたしたちが認識していない理由の一つは、わたしたちの大部分が、授業料を払って大学に来なくとも、それらの前提へとすでに回心させられてしまっていることにあります。わたしたちの大学は、最悪の場合には、既成の文化を映す鏡にすぎません。わたしたちの文化の中に今広まっている理解によれば、自律性と個別性と孤立の中にある個人こそ、すべての価値における唯一の中心であるというのです。

ハンナ・アーレントは、現代の世俗的世界は、神と家族と共同体を破壊し、人々を世界に投げ入れるのではなく、ただ単に自分自身へと突き返しているだけだと指摘しました。わたしたちに残されているのは主権者たる個人だけです。そこでは、個人であることのほかには人生に意味を与えてくれるものはまったくありません。それは孤独な道のりです。フロイトが、わたしたち自身のもっとも重要な部分を指し示すために使った、「自己」を意味するラテン語「イド」（*id*）が、皮肉にも「頭がからっぽ」（idiot）という英語のもととなっているのはそのためでしょうか。自分しかいないのなら、そこには、「自己」など存在しないも同然です。

このような現代世界における崩壊した意識に対して、教会は日曜日の総攻撃を仕掛けます。ここにチャペルがあることによって、現代の中でちっぽけにされている自己が、何が「正常なこと」か、二つのせめぎあう定義の論争の中に置かれていることに気づくのです。

わたしたちの、自信に満ちた、通常の、そして社会的に受け入れられやすい「正常」の定義に抗して、このチャペルに来ることで、わたしたちは圧倒的な力にさらされます。それが圧倒的なのは、他の諸力と違ってそれが真実だからです。わたしたちは神について語っているのです。その力は詩という仕方によってしか、言い表すことができないものです。今日の詩編114編にはこうあります。

海は見て、逃げ去った。
ヨルダンの流れは退いた。
山々は雄羊のように
丘は群れの羊のように踊った。
どうしたのか、海よ、逃げ去るとは
ヨルダンの流れよ、退くとは

………

地よ、身もだえせよ、主なる方の御前に
ヤコブの神の御前に
岩を水のみなぎるところとし
硬い岩を水の溢れる泉とする方の御前に。

無力なひとりのユダヤ人の若者〔イエス〕が、正常ではないこの世を驚かせたのも、この同じ力によるものです。国家の偽りの力に直面したとき、イエスは言われました。「皇帝のものは皇帝に、神のものは神に返しなさい」〔マタイ22・21〕。イエスは、この世の利己的精神が成熟する前から、それに立ち向かって言われました。「もし命を見出したいのなら、命を棄てなければならない」〔マタイ10・39他〕。そして、イエスは歩みを進め、仕事に取り掛かられました。それは面食らうほど正常なやり方でした――病気の人を癒し、真実を教え、飢えた者に食べ物を与え、死人をよみがえらせ、豚を湖に殺到させたのです〔マタイ8・32〕。そこで、この世のあらゆる部分に浸透した「異常さ」は、ただ単純に、イエスを片付けてしまわなければならなくなりました。しばらくの間「人生の現実」が勝ったように、つまり、死が勝利したように思われました。しかし、簡素な食卓を囲んで、自分たちだけで身を寄せ合い、打ちひしがれていた弟子たちのただ中に、イエスは力に満ちて戻って来られ、大きく広げられた「異常」の口の中に飛び込んで、その牙を抜き、古い秩序を転覆させたのです。

いのちの力がこのナザレのユダヤ人のうちに現れたとき、わたしたちが慣れ親しんでしまいかねないこの世のあらゆる部分に浸透した「異常」は混乱に陥りました。

これが、もっともうまく行った場合には、日曜の朝にこの場所で解き放たれる力です。この力が、わたしたちすべてを変革に従うようにと召し出しています。この力が日曜日に立ち現れることによって、現状をきつくにぎりしめていたわたしたちの指が一本一本ほどかれ、今あるこの世界の姿から引き離されていくのです。

わたしは、長老派教会に属する三年生の学生を知っています。彼はこう言います。ミシガン州にいたときには、自分が長老派であるとあまり意識したことはなかった。しかし、デューク大学に来て、自分の長老派としてのささやかな生活において初めて、自分のことを説明しなければならないはめになった、と。

「どうして日曜日の朝に起きて教会に行くの？」。みんなが尋ねてきます。「どんなわけで、他の人たちよりも自分はずっと優れているなんて思えるの？」。そんなことを尋ねる人もいます。

それは彼にとって新たな経験でした。奇妙で一風変わった経験でもありました。グランドラピッズ〔ミシガン州南西部の都市〕に帰れば長老派であるのは正常ですが、ここでは異常なことなのです。「異常」がキリスト者にいつも尋ねてくる問いがあります。それは、「それでうまくいくのか？」という問いです。つまり、それは実際的で、合理的で、実行可能なものなのか、ということ。そして何よりも、それはタダなのか、ということです。

神の「正常」に心を奪われている人々にとっては、この世の「異常」が尋ねてくる問いは、まったく見当外れです。わたしたちが集まったのは、この世が考えているように、「課題に取り組む」ことが第一だからではありません。むしろ、触れるものすべてを傷つけ殺すようなこの世の「異常」をひっくり返し、倒すために集まっているのです。キリストは、当時あるいは現在における社会的・宗教的・政治的問題について、よりよい解答を提出したわけではありませんでした。そうではなく、キリストは死を――「異常」が至高の主と崇めるものを――足元に踏みつけ、墓に閉じ込められている者たちにいのちを与えたのです。死とは、「異常」がいつでもまず最初に選択するものであり、人間が何かを選択しようとするときはいつもそのようにしてしまうものなのです。

エイダン・カヴァナーが言ったように、わたしたちがいのちの反対命題へと変形させようとしないものなど、事実上何もありません。食糧を兵器に、援助を弾圧に、正義をテロリズムに、愛を性欲に、解放を専制政治に、教育を合理化に、というように。これこそ、わたしたちが証明してきたことなのです。教会の二〇〇〇年の旅路においてわたしたちが学んできたのは、金も力も善意も、それらがこの世のあらゆる部分に浸透した「異常」によって招き寄せられるとき、悪徳が美徳に、異常が正常に変えられていくことは決してない、ということでした。わたしたち自身の努力をもってしても、それはできないのです。この世のあらゆる部分に浸透した「異常」は、恐ろしく強く、それが人を生きたまま食らう力をなめてかかるのは危険なことです（Aidan Kavanagh, *On Liturgical Theology* [Pueblo Publishing Co., New York, 1984, pp.174-175］における、日曜の礼拝の「正常」についての考察による）。

それゆえ、パウロはわたしたちに勧めるのです。「この世に倣ってはなりません。むしろ、心を新たにして自分を変えていただきなさい」、と。それゆえ、この日曜の朝、わたしはみなさんに勧めるのです。この世から立ち去れ、離れよ、この世から見て変人になれ、異常になれ、と。それは、神の「正常」に取り囲まれるという最高の目的のためです。本当の「正常」は、何が正常なことなのかを見る目が与えられ、そこにわたしたちが自分自身を差し出すことによってのみ取り戻すことができます。

そして、それゆえ、パウロはこう促しているのです。「神の憐れみによって……自分の体を神に喜ばれる聖なる生けるいけにえとして献げなさい。これこそ、あなたがたのなすべき礼拝です」

あまりにも長い間、この世の「異常」によって養われてきたために、わたしたちは頭と心が徹底的に変えられることによって、新たに、また忘れがたい仕方で現実を知覚できるようになること以外に、そこから離れる道はありません。わたしたちが呼びかけられ、自分を見出すために自分を手放す道を差し出されるとき、変革が起こります。チャーチルは、苦難に際して、血と汗と涙を捧げることを求めました。キング牧師は、夢を語りました。バッハは、計り知れない聖なる方がわたしたちのただ中に来られてわたしたちをとらえるように、音楽に信頼をおきました。人間の感情に「正常」が大量に注入されることで想像力が解き放たれたとき、精神は変えられます。それは簡単ではありません。それはきつい仕事です。毎週、日曜日ごとに取り組まなければならない仕事であり、そう、苦難を伴う仕事なのです。それは命がけです。日曜日は危険なのです。

パウロがいけにえというイメージを用いたのはそのためでしょうか？　石の祭壇の前で叫び声をあげる動物、大理石の階段に滴り落ちる血、そして、鳴き声をあげる獣ののどを切り裂く祭司のナイフが振り上げられ、きらめく様子をこの言葉は思い起こさせます。

そしてそのことが、キリスト者であることの核心だと、パウロは告げます。誰もタダで神に近づくことはできません。神の血塗られた祭壇に横たえられたあの「いけにえ」とは、あなたなのです。

「このキャンパスの大勢の人たちと違って、ぼくはお酒を飲みません」。その学生は言いました。「だって、ぼくは医学部に進むつもりなんです。だからベストを尽くしてよい成績を取らなければいけません。それにはすべての脳細胞がしっかり働いていないと。アルコールは脳細胞を破壊します。だから、ぼくはお酒を飲まないんです」

そのようなこともまた、道徳的な基礎となるものでしょう。

しかし、ここでは、正しい生活、すなわち「オーソプラクシー」（orthopraxy）へと向かう動機づけは、正しい礼拝、すなわち「オーソドキシー」（orthodoxy）からあふれ出てくるもの、とされています。月曜日から土曜日までわたしたちがこのキャンパスでどのように過ごすかということは、日曜日に、ここでどのように礼拝を守ったかということにかかっています。つまり、わたしたちが参加しているこのぶつかり合いによるのです。異常と正常、そして、真実と偽りの衝突から。

だからパウロは、教会がただ単に善良なもの以上のものになるよう促します。「神の憐れみによって、自分自身を生けるいけにえとして献げなさい。これがあなたの真実の礼拝です。この世に倣ってはなりません。むしろ、心を新たにして自分を変えていただきなさい」

わたしたち自身をあの聖餐台に献げる、ここにこそ現実があります。だから四人のアメリカン・フットボールの選手が運ばなければならないほどの大きな聖餐台がここにあるのです。多くのみなさんにここに上がってもらうために大きくなければならないのです。

確かな真実とは、人生をいかに献げるかどうかということにではなく、人生を誰に献げるかということにあります！　わたしたちの多くは自分を、より小さな神々のちっぽけな祭壇に献げてしまっています。

わたしはある二年生を知っています。彼は昨年、完璧に準備をしてこの大学に入学し、自信を持っていました。大学進学適性試験でも高得点で、できすぎの新入生でした。ある夕べ、この礼拝堂で彼のすべてがすっかり根底から覆されたのです。わたしの言える限りでは、彼はそれっきり混乱に身を投じたのです。彼はジョージア州のアメリカスで貧しい人々のために家を建てようとして、ヴェールかロス・アラモスで過ごすはずの夏休みを返上してしまいました。

このキャンパスの多くの人々にとって、それは奇妙なことでした。しかし、この礼拝堂において、わたしたちはそれを「正常」と呼ぶのです。

英国国教会の祈りの言葉にこうあります。「今ここでわたしたちは、主よ、あなたに、自分自身を、この心と体を御前にお献げいたします。あなたのために、ふさわしい《リーズナブル》、聖なる生けるいけにえとして」。アーメン。

親愛なるウィル

新年度の始業式でのあなたの説教は、挑発的で真理に満ちていました。この説教がとてもよいと思った理由の一つは、いささかなりともわたし自身について聴くことができたことです。わたしは、「自分で決める」というあの部分が好きでした。なぜなら、「いまを生きる」〔原題 "Dead Poets Society" 一九八九年公開〕という映画を観て以来、それはわたしが最近発展させつつあるテーマとなっているからです。このことについて、あなたはもう少し掘り下げることもできたでしょう。新入生たちは、決断するためにここに来たのだということをまだよく分かっていません。なぜなら、彼らは、アメリカ社会の出世コースに彼らを導くようなたくさんのたわごとを学ぶために来たと思っているからです。大学がいかに民主主義向けの自律的市民をつくることに力を尽くしているのかということについて、あなたがもう少し突っ込む必要があった理由がここにあります。言い換えれば、大学とは、わたしたちの社会において、それ自体で完結するものではなく、むしろ政治的目的に、または少なくとも、資本主義のリベラルな民主主義社会の秩序のイデオロギーに奉仕するものとなっているということです。その結果、大学は実際には独立もしくは自律的な機関ではなくなっています。なぜなら、わたしたちは、子どもたちが送り出されてきたときとまったく同じように、リベラルな民主主義的資本主義者として送り返すと親たちに約束しているからです。

デューク大学がマルクス主義の大学だったらどうかと考えてみるのも楽しいかもしれません。わたしたちは、マルクス主義大学として生き残ることができたでしょうか？　もしわたしたちが、少なくともマルクス主義者がそうするように、子どもたちをねじ曲げて親に送り返すようなキリスト教主義大学だったらどうでしょうか？　そのことは、あなたの説教にもう少し辛辣さを増し加えるかもしれないとわたしは思います。このことは、大学における回心と対立するものとしてあなたが達成しようと努力しているチャペルにおける回心という点において、教会は大学から離れて立っているというあなたの主張がいかに過激なものであるかを示すでしょう。

もちろんそこには、大学においてチャペルとは両義的な存在だという問題があります。結局、あなたもわたしも大学の忠実な僕であって、もしわたしたちが究極的に大学の欲するところに反するようなことを言うならば、大学はわたしたちを手元に置いておこうとはしません。この大学のチャペルが教会なのかどうかがまったくはっきりしていないことを、あなたは正直に認めてもいいようにわたしには思われます。ここでは誰が主人なのかはっきりしないからです。しかしながら、合同メソジスト教会から誠実に説教することを委ねられている、福音に立つ牧師として、この大学のチャペルが教会であろうとなかろうと、あなたは、あなたが真実であると知っていることを説教しなければなりません。あなたが誠実に語る限り、チャペルは教会になるのです。あなたは説教において、大学のチャペルの両義性についてもう少しよく考えなければならないのではないかとわたしは常々思っていました。それが、チャペルに来る人々の多くにとって有益な神学的レッスンになることでしょう。たとえそれが、特にあなたとわたしにとって、まったく苦痛を伴うことであるとしても。

この説教の重要な神学的問題は、パウロのテクストに従って犠牲に関わる言葉をあなたが用いたことだと思いました。この言葉は避けることができませんし、あなたがそれを用いたのはまったく正しいことです。しかし、あなたがうまく用いたとは思えないのです。いけにえという言葉のあなたの用い方の問題は、そこに抜き差しならぬ個人主義的色合いがありました。あなたが用いた実例さえも個人に関するものでした。たとえば、ハビタット・フォー・ヒューマニティ〔国際的なNPO団体。住居の建築や修繕を行って、支援を必要とする人のいる地域社会の発展に努める働きを主としている」に参加したあの二年生です。あの実例に欠けているのは、教会全体がいかにキリストの体として神のいけにえとなっているかということへの感覚です。教会とは、究極的にはイエスの復活と聖霊の注ぎを通したキリストの十字架の継続です。わたしたちはこの世における神の現臨なのです。そのことによって、神は、わたしたちの拒絶や暴力によって、神とその被造物との関係を決定することはなさらないということを、この世は知ることになるでしょう。教会全体がいけにえとなるのです。

聖餐台についてのあなたの主張はまったく正しいものでした。しかしあなたは、聖餐台をはっきりと聖餐の犠牲に関係づけなければなりませんでした。聖餐に基づかない説教をするとき、いかに誤りに導かれるかということをわたしたちは知っています。チャペルに来た人たちが聖餐の重要性の感覚を取り戻せるように、あなたはたいへんよくやりました。しかし、聖餐がキリストの体全体に関わるものとして営まれていなければ、聖餐が説教の営みの中心でなくなってしまいかねません。聖餐においてわたしたちが知ることは、犠牲とはわたしたちが行うことではなく、神の大いなるよき知らせであることです。聖餐の祝福とは、神がわたしたちを神の国の一部とし、またそのようにしてキリストの十字架の部分としてくださったということにあります。それは、わたしたちが犠牲になるというのではなく、神がわたしたちを聖なるものとしてくださり、それによってわたしたちは、この世のためにいけにえとなられるような神について、この世に証しができるようにされるのです。

犠牲という概念に対するフェミニストからの批判は、わたしにはまったく正しいように思われます。フェミニストたちは、ラインホールド・ニーバーのように自己犠牲を規範そのものにしてしまうような人々は、本質的に女性にとって破壊的だと指摘します。奇妙なことにニーバーの犠牲についての説明は抽象的で、十字架からは切り離されています。彼にとって自己犠牲という概念は、キリストの十字架そのものを手本とする原則にほかならないものでした。それはキリスト者がキリストの犠牲について教わる考え方としてふさわしくありません。ジョン・ハワード・ヨーダーがいつも強調するように、キリストは、それ自体が善であるような犠牲に関わる方ではありませんでした。むしろ、イエスは説教者であると同時に神の国の体現者として唯一の御方であるために、当然十字架につけられなければならなかったのです。キリストが死に赴かれたのは、神が支配者であられることをこの世に思い起こさせるためでした。ここで重要なのは、社会的に飼いならされた教会に関わる、贖罪についてのある種の充足説（satisfaction theory）に疑問を投げかけることです。犠牲とは、自分たちはこの世との根本的な葛藤の中にあるとはもはや感じていない人々のいるところで重大な事柄となるのです。

血塗られた祭壇という概念をあなたが用いたのはまったく正しいことでした。しかし、教会がその祭壇にとって替わったことをわたしたちが信じても、依然としてまったく血なまぐさいのだということを正直に言わなければなりません。だからこそ犠牲がまだ必要なのです。犠牲についてのあなたの筋書きは、たやすくヒューマニスティックなものになる可能性があります。つまり、この世で善をなすためには、わたしたち自身の利害をより偉大な善へと従わせなければならないという発想です。

十字架において見出される神の犠牲は、ただ単に善を行うということではなく、暴力を必要とするこの世から、この世を救うことに関わるのです。この世が、もっとも真実な部分では、いかに非暴力的なものとして造られているかを示すことによって、あなたは犠牲と現実とを本当の意味で結びつけることができたのではないかとわたしは思いました。なぜなら、神とわたしたちとが結びつけられることによってこの世が暴力から贖われることを祝う聖餐の祝福以上に現実的なものは、何もないからです。

あなたは、興味をひく仕方でこのテーマを取り上げることもできたかもしれません。つまり、神のいけにえとしての教会は、この世が造り出さなければならないと思っているすべての血塗られたいけにえの終わりを意味する、ということです。わたしたちはもはや、祭壇にいけにえの動物を献げる必要はありません。なぜなら、神がキリストにおいて究極のいけにえを与えてくださったからです。わたしたちはもはや、国家的善こそ現実なのだと自分に言い聞かせつつ、戦争によってお互いをいけにえとする必要はありません。なぜなら今や、神がそれらのいけにえを終わらせ、神のみがわたしたちの命を求めることができるということを、わたしたちが知るようにしてくださっているからです。キリスト教の非暴力は、そのために死ぬ価値があるようなものは何もないという前提にではなく、神のみがわたしたちの命を支配できるのだという前提に立っています。あなたがその方針でいくならば、物理的にも共同体的にも、犠牲の「からだ」という側面を説くことは避けられないでしょう。そのことが、わたしたちの文化の個人主義に対して、現実的な挑戦なのです。

あなたがこの世においてこれらのテーマを展開させながら、この説教が喚起した実存的な力を保つということなど、いったいどうしたらできるのでしょう？ そんなことを考えながら、以上の点について指摘してきました。あなたの挙げた実例はすばらしいものでしたから、これらの神学的テーマを展開させるような実例を挙げることもできません。だから、もしわたしが示唆している線であなたが説教していたら、ずっと貧しい説教になっていたかもしれないとひそかに懸念しています。これらは簡単なことではないのです。しかし、だからこそわたしたちはお互いを必要とするのだと思います。

あなたがそれほどまでにすばらしい友であることに感謝します。

平安あれ

スタンリー

第3章 わたしに倣う者となりなさい

聖霊降臨節第18主日
フィリピの信徒への手紙3章17—21節

兄弟たち、皆一緒にわたしに倣う者となりなさい。また、あなたがたと同じように、わたしたちを模範として歩んでいる人々に目を向けなさい。何度も言ってきたし、今また涙ながらに言いますが、キリストの十字架に敵対して歩んでいる者が多いのです。彼らの行き着くところは滅びです。彼らは腹を神とし、恥ずべきものを誇りとし、この世のことしか考えていません。しかし、わたしたちの本国は天にあります。そこから主イエス・キリストが救い主として来られるのを、わたしたちは待っています。キリストは、万物を支配下に置くことさえできる力によって、わたしたちの卑しい体を、御自分の栄光ある体と同じ形に変えてくださるのです。

わたしと面談の約束を取ったある神学生がやって来て、尋ねてきました。わたしの自主研究コースに自分を迎え入れてくれるかどうか、というのです。

君は何を勉強したいんですか？　「説教です」、と彼は言いました。「説教のことを、先生の自主研究コースで指導してほしいんです」

「なるほど。君は説教について、いったい何を学びたいと思っているんだい？」、わたしは尋ねました。

「ぼくはあなたのように説教する方法を学びたいんです」、彼は言いました。

「それはばかげているよ」、わたしは言いました。「君はわたしのまねなどできない。だって何しろ、君はアイオワ州出身じゃないか。わたしみたいに説教するには、君はサウス・カロライナ州のグリーンヴィルとコロンビアの間あたりで生まれていなければならない。君にはわたしのように説教することはできないよ。それに、君にわたしの弟子になってほしくないんだ、わたしをまねたりするようなな」

そのときの会話を思い巡らすと、その若者をわたしの自主研究コースに迎えることに気が進まなかったのは、謙遜からではありませんでした。もともとわたしは謙遜という美徳をあまり授かっていないのです。若者がわたしのやっていることをのぞき込み、わたしのやり方を見本として、彼がやっていくことが不快に思えたのです。そんな責任は負いたくありません。それだけではなく、わたしのやり方は間違っているかもしれません。わたしは、自分の誤りを他の誰かの人生に反映させたくなんかありません。（みなさんの中にいる教師たちは、わたしが意味することをお分かりでしょう。）

しかし、そこで、わたしたちは、今日の特殊なテキストと出会うことになります。聖パウロはちょっとうっかりしているのではないでしょうか。

「わたしに倣う者となりなさい」、そうパウロは言います。「わたしたちを模範として歩んでいる人々に目を向けなさい」。そして、これは決してパウロの口がすべったのではありません。パウロはまさに同じ勧告を、コリントの教会の信徒たちに対しても、テサロニケの教会の信徒たちに対しても、ガラテヤの教会の信徒たちに対しても与えています。「わたしのようになりなさい」、パウロは彼らに告げているのです。使徒としてあまりにも厚かましいのではないでしょうか？

わたしがぜひ知りたいのは、これらの「十字架に敵対して歩んでいる者」、「腹を神とし」ている者たちとは誰なのか、ということです。パウロはここで誰について話しているのでしょうか？　官能主義者、それとも放蕩者のことでしょうか？　「彼らの神は腹です」。学生ラウンジで食事の行列をつくっている者たちの描写のような、あるいは木曜日の『クロニクル』〔デューク大学の学生日刊新聞〕の社説のような響き。

「彼らの神は腹です」？　いったいそれが何かがわたしたちには分かりません。それでも、彼らのライフスタイルの何かがパウロを悩ませていたのです。わたしたちが知っていることといえば、パウロは彼らのライフスタイルに対抗するために、厚かましくも自分自身のライフスタイルを示してみせたということです。「わたしに倣いなさい」

　想像してみてください。わたしが学生たちにこう言って講義を始めるとします。「みなさん、この授業は説教学の講座です。この講座の目的は、あなたがたすべてが、どれほど上手にわたしに倣うことができるかを見ることです」

　課題図書の大部分が担当教授の書いたものだというような講座を受講するなら、そういうこともあるでしょう。しかし、これはやりすぎです。うぬぼれにもほどがあります。わたしに倣いなさい！いいえ、違うのです。わたしが言うのはこうです。「みなさん、わたしはあなたがたのために、いくつかの原則や興味深いアイデア（それはわたし自身のものではないのですけれども）、また、議論のためのいくつかの視点を並べて見せるつもりです。それから、あなたが自分で決めてください。そう、わたしはあなたがたの固有性、あなたがたの個性を尊重します。わたしは、わたし自身をあなたがたに押し付けることも、あなたがたをわたしの弟子にすることもしたくありませんし、そんなことはとんでもないことですから。わたしはパウロとは違います」

これがわたしの言うことです。わたしがこう言うのは、あなたがたの個人的な自由を、それがどのようなものであれ、適切に、かつでしゃばることなく、謙遜に尊重するからです。その自由は、あなたがたがかくあろうと自分で決めるための自由です。

これを、正直な言葉に翻訳すると、こうなります。わたしはあなたがたに対して責任を取ることなしに、このクラスをなんとかやり遂げたい。わたしの目標は、入学したときに見知らぬ相手《ストレンジャー》であったのと同様、そのままの関係で卒業していくように、大学にいる間、あなたがたを急ぎ足で案内することである。わたしたちは合衆国憲法を基礎に築き上げられた孤独な社会に生きています。その孤独な社会は、「個人」、つまり、啓蒙主義の時代までは知られていなかった存在を生み出しました――「個人」とは個々の権利、個々の意見、個々の要求を寄せ集めたものです――わたしたちの社会は、かつてないほどに、個人の自由と個人の権利に重きを置いています。

残念ながら、孤独は、個人の特権を守ることが共同体を養い育てることよりも重要であると信じる文化の、避けることのできない副産物です。わたしの社会は、わたしに「わたしのさまざまな権利」を行使する最大限の自由を与えてくれますが、どの権利が守るに値する権利であるかを決定するためには何の役にも立ちません。この文化はわたしを自由にはしてくれますが、それでも何のためだったたらその自由を行使する価値があるのかについては教えてはくれません。そして、その社会によってだめにされた教会において、大学において、誰も彼もが通り過ぎていく人《ストレンジャー》になるのです。わたしには共同体が必要だとは思いますが、個人の自由を放棄するほどの代価を支払いたいとは思いません。そこで、わたしたちの大多数は言うのです。「わたしの人生に干渉しないでください。そうすれば、わたしもあなたの人生に干渉しません」

二、三年前、学生たちのもっとも大きな苦情の一つが、騒音対策が取られていないということでした。誰かが寮まで来て、ステレオのボリュームを下げるよう違反者に注意してほしいと、学生たちは要求しました。ある学生部長が尋ねました。「ところで、なぜ君は隣の部屋に行って、その人にボリュームを下げてくれと頼み、それは人の迷惑だと言わないんだい?」

「でも、それはわたしのやるべきことではありません。もしわたしが彼にそんなことを言ったら、今度は彼がわたしのやっていることを非難するかもしれません。そんなことになったら、どうしますか?」

わたしは学生をとがめているわけではありません。二、三年前の教授研修会で、同僚のひとりが尋ねました。「学生たちの中には、手当たり次第誰とでも寝たり、自己破壊的な行為や依存症的な習慣にふける者たちがいますが、そのことで心を痛めてはいませんか?」

そこで、わたしたちはこう言ったのです。わたしたちは彼らのプライバシーを尊重しなければならない。彼らはみんな大人だ。われわれは彼らの母親ではない。（つまり、どのような知識を与えているかだけでなく、どのような人間であるかということにまで責任を問われるというのは、とんでもないということです。なぜなら、もしわたしたちがそんなことをしたなら、そのとき、何が起こると思いますか？　学生たちはこちらを向いて、わたしたちに責任をなすりつけるでしょう。わたしたちのほうもライフスタイルと個人的な習慣が一貫していないじゃないか、と本当のことをわたしたちにぶちまけてくるでしょう。そんなことになれば、わたしたちはどうなってしまうでしょう？）

お分かりでしょう？　結局、学生たちは事実上、われわれ教授に倣ってきたのです！　学生課は学生たちに言おうとしています。金曜日から日曜日まで酔っ払っていることは学業にとってよくない、と。学生たちにそんなことを言おうものなら、学生たちの中にはわれわれ教授に食ってかかり、金曜日から日曜日まで先生たちは何をしていたのかと問い詰める者もいるでしょう。そんなことになれば、われわれはどうなってしまうでしょう？　月曜日に授業の準備のできていない学生をとがめれば、あなたはすぐさま思い知ることになります。先生だって準備していないじゃありませんかと、学生たちは問い詰めてくるでしょう。そんなことになれば、われわれはどうなってしまうでしょう？

「カレッジ（college. 大学、学部）」という言葉の語源は、共通の目的をもつ同僚の集まり（colleague）

という意味ですが、わたしたちはそれを再発見する途上にあるのです。

オックスフォード大学で一年を過ごして最近デュークに戻ってきた学生が、こんなことを話してくれました。彼の後悔の一つは、ここデュークで、このコースやあのコースを受講しながら、精いっぱい努力することなく、時にはそれを場当たり的にやってのけ、あまり没頭もせず、ただ流されるままに、その日暮らしをしていたことだった。彼がこれをこなし、あれをこなすのに忙しくしている間、彼を見張っていてくれる人は誰もいませんでした。彼がその場しのぎでやっているとき、それに気づくほど彼をよく知ろうとする厄介を背負い込んでくれる人は誰もいませんでした。彼は、オックスフォードの「生活指導（moral tutor）」の伝統をうらやましく思った、と言うのです。教育とは、そのもっとも深いところでは、まねをすることなのです。

パウロは、彼の仲間たちに、まねるように、と訴えながら、教師とは、まねようとして目を輝かせている生徒に向かって、自分をさらすことをいとわない者であるとする、その道徳的かつ教育的な伝統の中に、ひるむことなく自分の身を置いたのです。その伝統はこのように主張します。学ぶことの目的とは、師匠《マスター》をまねすることにある。教師には、自分が教えるように生き、自分が語り聞かせるように歩む責任がある。弟子たちにはさまざまなことを知るだけではなく、誰かによって変容させられるという課題が突きつけられる（F・B・クラドック『フィリピの信徒への手紙』〔古川修平訳、現代聖書注解、日本キリスト教団出版局」一一五―一二三頁を見よ)。

ヨーロッパの啓蒙主義において、個人という概念が創造されるとともに、「道徳」もまた、誰もが手に入れることのできるものとして再創造されました。カント的な理性、つまり常識、あるいはその他の個人に生まれつき与えられている資質を用いて明晰に考えることさえできれば、誰もが善い者になることができるはずだとされたのです。そのような資質は、その人の育ちや社会的な環境にかかわらず、誰にでも備わり、民主的に授けられている、とされました。

善についてのこの観点は、アリストテレスのような道徳家から提案されたことには反しています。アリストテレスは、善は「理にかなって」いるかという問題でも、「正しい」選択をするかという問題でもない、むしろ、善とは善なる人であるか、善であるように教育されてきたかが問題であると教えました。あなたは善であるように教育されなければなりません。アリストテレスの道徳では、馬術の学びが主要なたとえとして用いられています。本を読むだけでは乗馬を学ぶことはできません。乗馬に熟達した人を見ることによって、その人からひとつひとつ手ほどきを受けることによって、動きや手綱の感触が自分のものになるまでその動きをまねて、おだてられ、批評され、指導されることによって、学んでいくのです。

ここに道徳の、臆面もないほどの「エリート主義的」な観点がありました。アリストテレスは、カントとは異なり、善は、自然の資質のように誰にでも手に入れることのできるものではない、と信じていました。善とは貴族階級に属するものであり、放っておかれて自分で工夫した場合よりもずっと善なる人となるために、時間と労苦を費やした者たちのものであったのです。善とは、善を知っているかどうかという事柄以上のものでした。それは道徳が要求する行動と技能を身につけながら、善となっていくかどうかの問題だったのです。

マルティン・ルターが指摘したように、りんごは茨の茂みから手に入るものではありません。りんごはりんごの木から手に入れます。善なるわざは善なる人々から生まれるのです。

しかし、アリストテレスから、イエスに戻りましょう。イエスにとって、善なる者であることは、この状況ですべきことを知っているという知的な問題、すなわち今日の倫理学ではありませんでした。わたしが関わっている世界の教会でも時折このように言われます。「行いを伴わなければ、話すことはむなしい」。イエスが大胆にも求めたのは、同意することだけではありませんでした。弟子になることを求めたのです――行動を学び、イエスが辿った狭い道をついて行くことを。イエスはまねるようにと招かれたのです。イエスは賞賛する者ではなく、従う者を求められたのです。

マーティン・ルーサー・キング・ジュニアは、ガンジーの非暴力的抵抗を単に賞賛したのではなく、ガンジーに倣ったのです。

このフィリピの町の小さなキリスト者の群れは、多数派であった異教徒の文化の誘惑に絶えずさらされていました。彼らにとって、指導者としての重荷を背負っていたパウロのような人々の生き方以上に優れた教科書はなかったでしょう。ライフスタイルは、ライフスタイルによって変えられます。そして、弟子になれるかどうかは、わたしたちが手本、つまり聖人やまねをする価値のある人物を見つけることができるかどうかにすべてかかっており、その真理は揺らぐことはありません。もしわたしたちが手本を指し示すことができなければ――それが自分自身を指し示すことであったとしても――わたしたちに語る言葉はほとんどないのです。

もしも約一〇〇年ごとに、わたしたちがコルカタのマザー・テレサやマーティン・ルーサー・キング・ジュニア、あるいはデズモンド・ツツのような人々を指し示すことができなければ、わたしたちキリスト者に問題があると言えるでしょう。というのは、この世は、信仰が生み出す生き方によってわたしたちの信仰を判断しますが、それはまったく正しいのです。変革された生き方がなければ、わたしたちは福音を知的な堂々巡り、つまり生き方の旅というよりも頭の中での旅のようなものへと歪めてしまいます。キリスト者であることは、自分の裁量に任されたら行かなかったであろうところに導いてくれる誰かに従うことなのです。

わたしは前任の教会で、ラザロと金持ちについての説教をしたことがありました。その中で、ブラジルの新聞から、ブラジルの貧しい人が自分たちの臓器を金持ちに売っている様子を伝える記事を読みました。それはワルテルという男性の話で、最近自分の両眼を、角膜移植を必要とする金持ちに売った、というのです。一度も職に就いたことのなかったワルテルが、こう言ったそうです。「家族がましな暮らしをしているのを、ようやく見ることができた」

わたしはただその話を読んだだけでした。

翌日の月曜の朝、わたしがオフィスに到着すると、電話が鳴っていました。デビーからでした。デビーは、わたしたちの教会で活発に活動している人でした。彼女は教師をしている夫と共に、教会の近くの小さな家に暮らしていました。

「わたしは一晩中眠れませんでした」、デビーは言いました。

「どうして?」とわたしは尋ねました。

「ワルテルのせいです！　彼のことが頭を離れないんです。わたしは、今朝五時にデイヴィッドを起こしました。話し合ったんです。そして、祈りました。わたしたちは新しい車を手に入れるつもりでした。新しい車はなくても生きていけます。わたしたちは新しいステレオを買うつもりでした。でも、もういりません。わたしたちは教会の献金を倍にするつもりです。もしそのお金がワルテルのような人を助けるために使われると約束してくださるのでしたら」

わたしは自分のことを考えました。わたしは昨夜赤ん坊のように何の憂いもなく眠っていたのです。わたしの弟子としての忠実さは、デビーのような人たちが与えてくれた恵みの細い糸によって、なんとか支えられています。

だから、先へ進みましょう。わたしに倣ってください。このわたしのささやかでちっぽけな人生が、価値のある手本となるよう、わたしに求めてください。どうぞお願いします。このわたしを、なんとか弟子の列にぶらさがったままでいさせてください。ただ書物によってではなく、このわたしの歩みによってわたしが教えるように、要求してください。わたしが実践することと、わたしが語ることとが、一貫するようにと、強く要求してください。

わたしに倣いなさい。

聖餐のためにパンが裂かれ、ワインが注がれました。わたしは、感謝の祈りのために聖餐台の上に両手を伸ばしました。最前列にいた子どもが、言いました。「見て、ママ、先生はイエスさまみたいになろうとしているよ」

その言葉は、見当外れではないのです。

親愛なるウィル

　さて、ついにそのことが起こりました。わたしが「アーメン」「なんとすばらしいではないか！」としか応答しようのない説教をあなたが行うであろうと、わたしはずっと思い続けてきました。もちろん、この説教をそれほど喜ぶ理由の一つは、これがわたしの小論から取られた材料に基づいていたということもあります。わたしは、それを誰が言ったか思い出すことはできませんが、神学者にとって有用な経験則となっている言葉があります。もしわたしたちの神学が最終的に説教されることがないとしたら、それはあまり価値がない。したがって、わたしの神学がこれほど力強い方法で説教されるのを聴くことは、とても幸いです。パウロのフィリピの信徒への手紙のテクストは、わたしが最近あなたに差し上げたいくつかの資料をあなたが発展させるための招きとなっていました。そして、神によって、あなたはそれをみごとに行いました。

　わたしたちの間の道徳的な関係がいかに重要であるかを言うことは、値打ちのあることだとわたしは思います。わたしたちは、友人であること自体を目的とする友人同士ではありませんが、神に対して忠実であろうとする共通の活動によって共に引き寄せられました。だからこそわたしたちは、相手を信頼することに何の不安も抱かずにすむのです。わたしは、匿名性の重要性について多くのことを考えています。あるフェミニストが、男性が神学を行う方法を批判するのを聴いたとき、わたしは初めてそのことに気づきました。それは、男性は神学の研究の所有権を常に求めている、という批判でした。男性は自分の名前をその上に付し、その名前によって、それが自分の研究であることを主張し続ける、というのです。それに対して女性たちは、そのような個人主義的な所有権を主張する必要を感じることなく、協働して研究を行っている、と。彼女が女性について言っていたことが正しいかどうかは、わたしには分かりませんが、キリスト者であることの意味について言っているのであれば、正しいとわたしは思います。わたしたちは個人主義的な方法における思索家ではなく、進行中の共同体と伝統の構築に寄与しようと試みています。それゆえに、わたしがあなたの説教の中にわたしの言葉を聴くとき、それらの言葉がわたしの言葉でもあなたの言葉でもなく、最終的にキリスト者の共同体を築くための神の言葉となることを可能にしてくれた、先人たちすべての言葉であるということが、わたしの望みです。大学院生にしばしば語るように、創造力というのは、それをどこで読んだかを忘れるということです。突きつめて言えば、わたしたちの間の神の善い働きに忠実に生きることは、わたしたちすべてが互いにいかに依存し合っているかについて知ることなのです。

まったく興味深いことに、今述べたことは、あなたの説教における「倣う」という主題と関係すると、わたしは考えます。パウロには言うことができます。わたしがキリストに倣う者であるように、わたしに倣う者となりなさい。（ところで、それはパウロがうっかり口をすべらしたというのではなく、あなたが説教で述べているように、実にパウロとは何者かについてまさに核心であると考えます。）ジョン・シュッツは、パウロにおける権威という観点から「倣う」ことを論じていく、パウロについて記した本を著しています。パウロは、人々を彼自身に注目させることができましたし、そうしなければなりませんでした。なぜなら、そうすることによって、キリストに目を注ぐように呼びかけられるとパウロは思ったからです。わたしたちキリスト者もそのことを避けることはできません。もしわたしたちが仮にもキリストを知ろうとするならば、最終的には互いに対してキリストの生を反映させ合わなければなりません。

それが、模倣という概念の背後にある、キリスト論の主張を思い起こさせます。イエスとは、自分の経験を用いさえすれば、すべての人々がいつでも近づいていける、永遠の可能性ではありません。イエスは、自分の人生をキリストに触れていただいた人々を通してのみ、出会うことができる方なのです。このことこそ、わたしたちの信仰が歴史という特徴をもっていることと深く関わりをもっており、恵みを語る言葉もそこから秩序づけられなければなりません。もちろん、それは、神の恵みについて実に恵み深く語っている、あなたの説教のいくつかに対するわたしの批評の背後にあり続けてきたものです。

この他にわたしがあなたの説教についてとてもすばらしいと考えたことは、そのような模倣が、同僚間の協調・協力関係とどれほど密接に絡んでいるかを、あなたがわたしたちに思い出させてくれたことです。教師たちが学生たちに自分たちを見倣うようにと求めたときのことを語ったくだりは、本当に見事でした。それはわたしたちが大学の一部であることを、つまり共通の目的に関わっていることを、思い出させてくれましたから。ある共同体を造り上げていく企ての一部としてのみ、わたしたちは模倣を要求することができるのです。

現代の大学全体に関わる問題点は、何が教えられているかということが重んじられる一方で、教師の重要性が否定されていることです。その点で、あなたが深みをもって語っていたことをわたし個人の事柄としないわけにはいきませんでした。わたしが教えはじめたとき――それはあなたもよくご存じのイェール大学の学びを終えたばかりのときですが――わたしは自分の個性を殺して、教える内容を重視しようと試みました。わたしは、キリスト教倫理の教える主題が、教室の主役となることを理想とし、自分はただ学生たちにそれを映し出して見せる鏡であろうとしたのです。わたしは何とひどい教師だったのでしょう！　あなたはまったく正しい。いわゆる客観性の追求というような試みは、臆病以外のなにものでもありませんでした。わたしは学生たちがわたしという存在をまともに受け止めることを恐れていました。なぜなら、わたしは教師であることの重大さに向き合いたくなかったのです。けれども、学生たちはまもなくわたしを、よりましなものに仕立ててくれました。彼らがわたしとまともに向かい合ってくれたおかげで、わたしは自分自身を真剣に受け止めざるをえなくなったのです。それを避けることはできません。もっとも現代の大学は真剣に向き合うことを避けられるという前提の上に立てられてはいますが。その結果、大学は巨大な自己欺瞞の施設となってしまっています。それはわたしたちの道徳的知性を育んでくれるこの過程を、わたしたちが認識できずにいるからです。

教会という機関による支えを大学が何としても必要としている理由は、ここにあります。なぜなら、模倣は教育の一部としてそれほどに避けられないものであり、さまざまな事例に立ち向かい、それを裁いてくれる共同体として、わたしたちは大学よりも堅固な共同体を必要としています。教師としてのわたしに対して究極的に立ちはだかっている教会の存在がなかったなら、わたしは仕事を続行することができませんでした。わたしたち思索家にはその特権を享受することなど普通なら認められないはずですが、デビーのような人たちがいればこそ、それを享受していてよいのだと信じられるようになったのですから。

あなたが説教を終わらせた方法はすばらしいものでした。あなたは、自分を責任ある者に保つこと、そして、それゆえにあなたに倣うことをわたしたちに求めましたが、そのとき、聖餐の執行において、あなたはイエスのようになろうとしていると示唆した子どものすばらしい物語をわたしたちに話してくれました。それはまったく適切な注意を引くものであり、あなたは話を終えるタイミングを十分すぎるほど心得ていました。あなたの説教についてわたしがこれほどに高く評価する事柄のひとつは、あなたがしばしばわたしたちが物事を結びつけて考えられるようにしてくれるということです。それができるようにさせることは難しい訓練ですが、どんな良い教師もまさしく知っているように、あなたはしばしば、自分が知っていることを口に出してはっきりと言おうとはしません。なぜなら、あなたがそれをはっきり言ってしまうと、学ぶ人がそれを本当の意味で知るのに必要な方法で知ることができなくなってしまうからです。だからこそ、あのような物語は説教にとってきわめて重要なのだと、わたしは考えます。なぜなら、物語とは、語ることではなく、見せることだからです。

わたしが本当の意味で兄弟のように感じるこの気持ちをもって書くことができるのは、すばらしいことです。

平安あれ

スタンリー

第4章　普通の人々

ペアレンツ・ウィークエンド（父母参観日）
聖霊降臨節第20主日
ルツ記1章1―19節a

ルツは言った。「あなたを見捨て、あなたに背を向けて帰れなどと、そんなひどいことを強いないでください。わたしは、あなたの行かれる所に行き、お泊まりになる所に泊まります。あなたの民はわたしの民、あなたの神はわたしの神。……」

今日は本校のペアレンツ・ウィークエンドです。そして、神のお働きによる不思議なめぐりあわせによって、教会暦による本日の第一朗読日課が、ルツ記からとられています。
ご存じのとおり、ルツ記は家族の物語です。古代の短編小説で、もともとのお話は、三〇〇〇年も前にさかのぼると思われます。古いお話ですけれど、これは真実の物語です。なにしろ困難を抱えた家族の物語ですから。ここに出てくるのは、中流階級の一家族。家計が困難になって引っ越さなければならず、父親は妻と息子たちを貧しい暮らしの中にとり残したまま死に、二人の息子たちは信仰も民族も違う女性と結婚し、母親は理解し合えない嫁たちと、みじめな思いで顔をつきあわせる。この家族には問題が次々に起こってきます。未払いの請求書、母親の言うことをきかない息子たち、嫁との小競り合い。つまり、言ってみればみなさんの家、わたしの家とよく似た家族。普通の人々の物語です。

いや、言いすぎたでしょうか? 今日はペアレンツ・ウィークエンド、みなさんはお父様、お母様と並んで座っておられます。それなら、みなさんの家族には問題はないのでしょう。そう、でも、そういう家族は、「普通」ではないのです。

この物語、ルツの物語は、もっと普通の家族の話です。家族にとどまり、生計を立て、愛をはぐくんでいくには、さまざまな困難がある場所、それが普通の家族なのです。

先週、デューク大学の女子学生が、ペアレンツ・ウィークエンドは困ったことになっています、と話してくれました。両親が二組くるのだそうです。二組は別々のホテルに泊まっています。彼女はこの週末の五〇パーセントを、実の父とその新しい奥さんと共に過ごし、残りの五〇パーセントを実の母とその婚約者と共に過ごさなければならないそうです。ややこしいことに……。

昨年のことですが、ある学生の母親が参観日の礼拝を終えて帰ったあと、わたしは彼に、すばらしいお母さんに会えてよかったと言いました。そして、「お父上は今年は都合が悪かったんだね」と何気なく聞きました。

「父は多忙で」、と彼は答え、それから言い直しました。「実はそれは本当ではありません。父は、アルコール依存症の回復センターに二回目の入院をしているので来られなかったんです」

ややこしいのは家族の中で生きていくことです。それも「普通の家族」の中で生きていくこと。ルツ記の物語は、イスラエルの士師たちが活動した時代に設定されています。士師記の最後の記述によれば、その時代の民族の行政は不適切で、「そのころ、イスラエルには王がなく、それぞれ自分の目に正しいとすることを行っていた」(士師記21・25)ということです。街路には暴力、政治的な陰謀、政府高官にも下役にも賄賂。つまりは、結婚にも、育児にも、家庭生活が困難な時代でした。

こういった道徳的な混乱だけではまだ足りないとばかりに、経済的な災厄も起こりました。「士師が世を治めていたころ、飢饉が国を襲った」(ルツ記1・1)。膨れた腹の幼児、道端で死んでいく老人、放浪する飢えた物乞い。決して好ましい光景ではありません。

ナオミとその夫はベツレヘムの故郷の家を離れ、モアブの野に移り住むことにしました。その地のほうが、まだ暮らしやすいと噂に聞いたからです。みなさんの中で、モアブの野へ行ったことのある方はいますか？　荒れた、辺鄙な土地です。用事がなければ行きたくないと言われているような土地です。創世記に戻って記録をみれば、アブラハムとロトが別れた後に、ロトは洞穴の中で二人の娘と生活をしました。（ロトの妻はそれ以前に「塩の柱」になってしまったので、ロトは他人との交渉を絶って、独立して暮らさなければならなかったようです。）ロトの娘たちは未婚で、気がついて見れば、父親は年老いていくし、自分たちの結婚の見通しも暗い。そこで、父に酒を飲ませ、酔っているうちに父のところに入って、……九か月後に二人の娘はそれぞれ子をもうけました。そのうちのひとりがモアブと命名され、「彼は今日のモアブ人の先祖である」（創世記19・37）と記されています。

（ご両親のみなさん、この物語は、みなさんのお子さんに聴かせるにふさわしくない聖書の箇所だとお思いになることは承知しております。ただわたしは、モアブ人の間で住むということは、ピクニック気分でできることではなかったと言いたかったのです。一家揃ってモアブに移住する決断は、よほど生活に困り、食べるに事欠いたからだと、理解してもらいたかったのです。）

いずれにしても、ナオミと夫は生活に困り、息子たちを連れて、モアブに引っ越します。そして、あろうことか引っ越し荷物の梱包を解き終わらぬうちにもう、息子たちはモアブの女性とデートを始めてしまうのです。ナオミには相談する人がいません。夫は、モアブに着くとすぐに、死んでしまったのです。息子たちが外国人の娘に夢中になる事態をどう取り扱ったらいいのか、意見を聞ける夫がいてくれたらと、どんなに願ったことでしょう！ しかし、ナオミはひとりでやっていくしかありません。たった独り、ひとり親として、全力を尽くそうとします。

ナオミは言います。「マフロン（長兄の名前です）、聞いておくれ。わたしは、あの何とかという名の娘が悪い子だと言ってるのではないんだよ」

「ルツだよ、母さん」

「分かった、ルツね。ルツは悪い子じゃないと思うよ。でも、お前とは育ちが違うからね。あの人たちの価値観はうちの家族とは違うのよね。だから、もうちょっと何とか……」

「母さん、彼女はモアブ人だって、言いたいんだろう？」、マフロンが答えます。

まったくのところ、ナオミのこういう議論は、同じような状況なら、みなさんも息子さん娘さんとなさるかもしれません。それにしても、異国のモアブの地では、いったいマフロンがどこに行けば、善良で中流階級で教会に通っている娘を見つけることができるのでしょう？

数か月たって、ナオミは二人のモアブ人の嫁を迎えることになりました。

嫁に来た以上は、言うべきことは言わねばならないと、ナオミは思います。「ねえ、」と、ある日ルツに話しかけます。「お前はとても美しい子だよ。ナチュラルな魅力をもっている。だからね、もうちょっとアイラインを細くしてもいいと思わない？。それから、えりぐりの大きく開いた、金ラメのブラウスは、教会に着ていくにはちょっと派手すぎないかしら？」

まったく、姑であることは、きつい仕事です！

しかも、状況はさらにきつくなります。ナオミの息子が二人とも亡くなります。ナオミは二人の嫁と共に遺されてしまいます。この二人のことは、まだよく知っているとはいえないし、ましてや、好きでもなんでもないのです。

息子たちが死んだあと、ナオミは二人の嫁に言います。「お前たち、わたしはね、故郷のベツレヘムに帰ろうと思うの。わたしの国の人たちのところに。わたしにはいまや身寄りがなく、手に職もないし、再婚できる見込みも、将来の見込みも何もないのよ。だからお前たちを助けてやることもできない。二人はまだ若いのだから、行って自分の道をみつけてほしいの。わたしのような役立たずの年寄りがそばにいても迷惑なだけでしょう。どうか、モアブの人たちのもとに戻って、同じ民族の中で暮らしておくれ」

けれども、二人の嫁の答えにナオミはびっくりさせられます。「いいえ、今はあなたがたこそわたしたちの民です。どこまでもあなたについていきます」

ナオミは二人を説得します。「ごらん、あなたたちは女なのよ、身寄りのない女なのよ。わたしたちの住んでいる世界は家父長制社会なの。紀元前何百年のわたしたちの時代には、まだ、こんな言葉は使わないし、フェミニスト運動が始まって教えてくれるまでは、そんなおかしな社会だとは知らないんだけどね。貧しくて、結婚していなくて、弱い立場の女性であるあなたたちは、少しでも楽に暮らせるところに住んだほうがいいの。モアブ人なのだから、自分の国で生きていきなさい」

オルパは去っていきましたが、ルツはすがりついて離れませんでした。(この「すがりついて」は、創世記で結婚について「男は父母を離れて女と結ばれ、二人は一体となる」［創世記2・24］と記されたときに使われたのと同じ言葉です。) ルツは、まるで、結婚している相手のように、ナオミにすがりつきました。彼女はこの年老いた姑から離れようとしませんでした。

ナオミは言います。「わたしがベツレヘムに帰って結婚したとしても、もう子どもを産める年ではないわ。あなたの夫になるような息子を産めるはずがないのよ」

ルツはナオミの願いに対して、自分の願いをもって答えました。この願いの言葉は、聖書の中でももっとも愛されている有名なスピーチの一つになっています。

「あなたを見捨て、あなたに背を向けて帰れなどと、そんなひどいことを強いないでください。わたしは、あなたの行かれる所に行きます。……あなたの民はわたしの民、あなたの神はわたしの神。あなたの亡くなる所でわたしも死に、そこに葬られたいのです」

ルツはモアブ人です。独身の女性です。自分の人生のすべてをなげうって、ただ、義理の母であるナオミにすべてを捧げようとしています。

アブラハムとサラが財産をすべて携えて見知らぬ国へ旅立つよう命じられたとき、神は彼らを祝福し、彼らと共にいることを約束されました。しかし、ルツにはそのような神からの保証は何もありません。彼女が自分の人生をナオミと結びつけていくと決意したとき、その根拠となる実質的なものは、若い女性が年長の女性に抱いた愛情以外に、何ひとつありません。これは、不思議な絆であり、普通の家族の中に普通ではないつながりが愛のゆえに生じたのです。

絆とつながりの物語が、なおさら不思議に思われるのは、あなたもわたしも、このように人と人が結びつき、相手を求めて主張することを理解しない文化の中で生活しているからです。この物語が理解しにくいのは、三〇〇〇年も前の話だからではなく、わたしたちの築きあげた社会では、人々の間の触れ合い、求め合い、結び合いがなくても人間形成ができると考えられているからです。わたしたちにとっては、個人がすべてであり、その個人とは、自由で、独立し、解放され、自己充足できる独立独歩の人間なのです。

わたしたちが作り上げた教育システムもまた、個人というイデオロギーに合わせたものとなっています。教育の現場では、学生であるあなたを家族から引き離し、故郷から連れ出します。あなたを見知らぬ人の手の中に置き、仲間集団に放り込みます。こうしてあなたがたを故郷、家族、伝統、共同体から完全に引き離した後に、学位を授けるのです。現代の教育システムにおいては、知識への道は、一人ひとりを互いに他人同士《ストレンジャー》にすることで達成できると信じられているように見えます。

われわれが人生で大きなショックをうけるのは、他人がわれわれの生活に対してあれこれと要求し、懇願してくるときです。親がわたしたちの行動に干渉してくるとき、あるいは、子どもが親に責任を問うてくるときなどです。なぜショックを受けるかというと、われわれは自由というものを、人間同士の干渉が最小限になることだと定義してきたからなのです。そのような意味の「自由」においては、結婚、家族、子どもを産むことなどが、不可解な行為になってしまいます。結局のところ、誰がいったい、自己の行動の選択範囲をせばめるような、他者との面倒な関わり合いを望むでしょうか？

ところがその結果は皮肉なことになりました。現代のわれわれはあらゆることを感じますが、自由だけは決して感じることがありません。親たちは、自分の子どもによかれと思って「自由を与えよう」と努力して、子どもを仲間集団の中に放り込みます。だが、そういう仲間には、えてして、もっとも専制的な、全体主義的な暴君がいるものなのです。一方、現代の高齢者たちは、孤立と利己主義の中で死を迎えています。社会の第一線から身を引いた人々の共同体の中では、無責任な思いがはびこり、自分自身以外の誰からも求められず、みなが自分自身の殻に閉じこもっています。無責任体制というものは、一七歳のグループにおいても、七〇歳のグループにおいても、醜いものなのです。結婚生活も、親しそうにふるまう他人同士がそれぞれの個人の必要を満たすためだけに結ぶ契約となっています。

そういうわけで、あの二人の女性、ルツとナオミの物語は、敵対する社会の中で、一体となった他国人同士の物語であり、わたしたちには不思議に思えるのです。しかし、この物語は、わたしたちに次のことを語りかけています。家族であること、親であり子であるとは、実は互いが他人同士《ストレンジャー》であることを互いに明らかにしようとすることである。そしてそれは互いに傷つけ合い、それでもわたしたちよりもずっと大きな計画にわたしたちの将来を結びつけていくためである、ということを。家族とは、結婚とは、ルツとナオミの二人と同様に冒険へと旅立つことです。そのとき、将来が保証されているわけではありません。そこにあるのは、そこに開けてくる将来がたとえ最悪のものであったとしても、二人で耐えるほうが耐えやすいという確信だけなのです。

時間がせまっていますので、ルツの話の続きに立ち入れません。ただ、言えることは、ルツとナオミがベツレヘムに着いたのち、ナオミは忙しく立ち働いて、ルツのために結婚相手を見つけてやったことです。彼は大した夫ではありませんでしたが、大事な務めは果たしてくれました。

「あの人はわたしには年寄りすぎます」とルツは言いました。

「年寄りは結婚相手にいいのよ」とナオミが答えます。「それに、あの人のほか見つからなかったじゃない」（こうしたことについては、ナオミはそれなりの経験を積んでいましたから。）

こうして、ルツはベツレヘムで男の子を産みました。ひとりの傷ついた女性、袋小路に入り込み、将来をなくし希望をなくしていたルツが、子どもを産みました。その子の名前はオベド。そして、オベドはエッサイの父となり、エッサイはダビデの父となりました。ダビデも父となり、やがて何代かの後、大工のヨセフが生まれます。このヨセフが、ベツレヘムで生まれたもうひとりの幼な子の父となります。その子の名前はイエス。ヘブライ語ではヨシュア。すなわち、「神は我らの救い」という意味です。

お分かりでしょう？　外国人であり、モアブ人の女性であるルツが、曲がりくねった経緯を辿りながらも、神の摂理によって、イスラエルの救い、わたしたちの救いの手段となっていくのです。ベツレヘムで生まれた幼な子も、これが家族の話であることを思い出させてくれますが、この家族の物語は、あなたやわたしのような個々別々の普通の家族の物語にとどまることはありません。人類全体という家族の物語となるのです。神は、ニュージャージーにあるあなたの小さな普通の家庭をも、壮大なすばらしい方法でお用いになるのです。神は、ルツやナオミ、ヨセフやマリア、そしてイエスのような普通の人々を通して救いをもたらされます。子どもを産み、嫁とのいざこざに耐えながら、たんたんと普通のつとめを果たしていく、あなたやわたしの家族を通して。もしもわたしたちが、良いときにも悪いときにも一緒にいようとしているなら、そして神を信頼し、わたしたちが互いに普通に忠実であろうとしているならば、神はまったく普通ではない愛によって、わたしたちの家庭を用い、この世界を祝福されるのです。

釈義ノート

本日の聖書日課、第一朗読〔旧約のテキスト〕で説教する者は、かなりの困難を感じることになるだろう。ルツ記の物語には、実に豊富なご馳走が盛られており、第1章の1―19節aに限定して話すことは難しい。そこで、今日の説教に取り組み始めたときから、この短編小説全体から説教をしよう、教会暦に定められているテキストに、ルツ記全体を扱う説教の導入の役割を担わせよう、と心に決めた。ルツ記の説教をしようとすれば、誰でもまずは、はじめから終わりまで一気に読まなければならない。ルツの物語は、士師記の時代に設定されており、この動乱の時代を記す書物の最後のページには、「そのころ、イスラエルには王がなく、それぞれ自分の目に正しいとすることを行っていた」（士師記21・25）とある。この作品の背景にあるのは、飢饉という恐ろしい事態である。われわれはモアブの地に立たされており、そこは昔、アブラハムとロトの物語が展開した場所であった。夫エリメレクと妻ナオミの息子二人は、この地モアブの娘たちと結婚する。ここは辺境の地、娘たちは主人公の一家とは、民族も文化も異なる人たちである。ところが、エリメレクが死んだばかりか、二人の息子も亡くなってしまう。残された二人の女性、モアブ人のオルパとルツが、今度は、知り合いもなく、保護者もなく、見知らぬ人々《ストレンジャー》の間で困難な世界で生きていかなければならなくなるのだ。

二人の義理の母、ナオミは、モアブ人である嫁二人に自分たちの民のもとへ帰ったほうがいいと勧める。それでも二人はナオミのもとに留まる。（二人はナオミにすがりついて離れない。この「すがりついて」は、創世記で結婚について「男は父母を離れて女と結ばれる」［創世記２・24］と記されたときに使われたのと同じ言葉である。）わたしは今度の説教で、われわれの家族のただ中で起こる争いやもめごとを通じて、神の摂理が実現していくことを語ることにした。わたしは、ルツ記の登場人物の性格描写や葛藤をめぐる展開を考えると、それはふさわしいことだと思っている。もうひとつには、この記事に出会ったときの、牧会的な状況がある。よろこばしい偶然ではあるが、この日が、ペアレンツ・ウィークエンド、つまり大学の父母参観礼拝の日であったのだ。そこから、神がわれわれの家族の中で、またわれわれの家族を用いて、お働きになるという主題が当然のように浮かび上がってきた。しかしながら、このルツの物語を題材にして、別のテーマで語ることもできるかもしれない。それは神の異邦人への愛である。神は、異邦人へも手を差し伸ばし、神の民の信仰を通すという特殊な方法をとられるのである。ルツ記の最後（４・13）で、ルツとボアズに男の子が生まれるが、この誕生の記録は、もう一人の幼な子の予期しない誕生、すなわちイエスの誕生を指し示している、と教会は長く考えてきた。実際、ルツとボアズの子どもはダビデ王の祖先となり、ダビデ王は王なるイエスの祖先となったのである。
われわれの目前には三人の未亡人が、足元のおぼつかない、危うい姿で登場する。三人とも夫を亡くし、異邦人の中で暮らすという体験をしている。彼女たちはいったいどうなるのだろうか？　ルツとオルパは異邦人であり、「アウトサイダー」であるにもかかわらず、ナオミに信頼して従った結果、贖いを体験し、驚くべき予期せぬ将来が開かれるのである。普通で世俗的で、絶望的とも見える状況において、神は働いておられるのだろうか？　この問いはまちがいなく、われわれがルツの物語に出会うとき、われわれに考えてほしいとルツ記の著者が期待している問いの一つであろう。

親愛なるウィル

実を言うと、わたしはこの「普通の人々」という説教は好きになれませんでした。この説教のねらいは、家族を維持するために行われたナオミとルツの苦闘を参考にしつつ、わたしたちの人生を位置づけようとした点にあると思います。だが、その説教の構想そのものが間違いだったとわたしは思います。家族のあり方に的を絞った結果、あなたはルツ記を理解する背景となる物語を見失ってしまいました。つまり、イスラエルにおいて、結婚して子どもを産むという行為がこれほど重要視される理由は何か、という点です。説教の聴き手にあなたはその背景を説明しなかったために、キリスト者にとっても、ユダヤ人にとっても、家族とはそれ自体に目的があるのではなく、もっと大きな共同体へ奉仕する組織として大事なのだということを人々に知らせるまたとない機会をそこなってしまいました。

この説教の中ほどで、現代の個人重視の思想が、いかに家族についての理解をむしばんでいるかを説明したあなたの話は、たいへん優れていたと思います。わたしが同じ主題について語るときには、こんなメタファーを使います。わたしたちは、気がついてみたら、はっきりした理由もないのに、特定の人たちを「押しつけられて」いるのです。わたしたちは自分の意思だけで生きていけると思ったら大間違いです。そのことを思い知らせてくれる最後の砦が、家族です。わたしたちは自分の好みで家族を選ぶことはできないのです。ある朝目覚めてみたら、この母がおり、この父がおり、この兄弟姉妹がいるのです。この事実に対しては、誰にもなすすべはありません。

家族のつながりをむしばむ戦略の一翼として大学が果たしている役割を示したあなたの見解も、正しいと思いました。つまり、大学というところは人間が家族の限界を乗り越えていけるよう手助けする場所です。皮肉なことに、この戦略とは、人を個人として独立させるだけにとどまらず、わたししたちの社会が持っている平等主義の一部分でもあります。そこではわたしたちを各自の歴史から解き放つことによって、わたしたちすべてを平等に扱おうとするのです。それゆえ、家族というものが、平等主義の諸政策から「目の上のたんこぶ」のように扱われているのです。

またあなたは、自由というものは、連帯とかしがらみがもっとも少ない状態を言うと定義して、いくつかの話を例として展開しましたが、わたしはその話が気に入りました。そして、これがよりによって大学のペアレンツ・ウィークエンドで話されるということに、感心しました。なにしろ、そのような居心地の悪い状況の中、新しい条件下で自分たちの新しい家族関係を築きあげる、ということに人々は四苦八苦しているのですから。しかしながら、あなたの話したようなやり方で、大学生の父母に向かって話をするのが適当であったかどうかには、やや疑問を持たざるをえません。というのも、大学が学生を父母から引き離そうとするのと同じように、教会もまた子どもたちを両親から引き離そうとしているからです。つまり、引き離すことがいいのかどうかは問題ではなく、わたしたちが引き離されていくとき、どのような土台に立っているかが問題なのです。

ペアレンツ・ウィークエンドというコンテクストであなたが家族の問題をとりあげたのは、当然です。だがそうすることによってあなたは、「大学に奉仕するチャペル」という立場をとることになりました。「教会に奉仕するチャペル」ではなかったのです。といってもわたしは、この二者のどちらを選ぶか、厳しく対立すると言いたいのではありません。また両者に同時に仕えることは不可能であるなどと言うのでもありません。ただ、この特殊な説教において家族の問題をどう話すのか、もっと真剣に考えておいてほしかったと言いたいのです。ペアレンツ・ウィークエンドのお話にすることで、あなたは、それがなくてはルツの物語が理解不能となるイスラエルの物語を置き忘れてしまったのです。肝心かなめの問題は、単にルツがナオミに忠実であっただけでなく、ルツがイスラエルの民になろうとし、ナオミの民の神を礼拝しようと望んだということです。あなたが、テクストにあることの一面をまったくとりあげなかったことは、実に印象的でありました。ルツはこう語っているのです。「あなたの民はわたしの民、あなたの神はわたしの神」。この神への思いがなくては、われわれの子どもたちが仲間たちの中に放り込まれたとき、何の保護手段もないことになるではありませんか――ついでに言えば、自由を与えられて子どもたちが遊び仲間の間に放り込まれるというあのお話は、すばらしい指摘でした。

別の視点で言ってみます。ルツの物語について、あなたは、異邦人《ストレンジャー》の問題をもっと詳しく考えてみることができたのではないでしょうか。ルツはモアブ人ですから、イスラエルの民にとっては異邦人です。しかし、イスラエルは必要に迫られてモアブ人をイスラエルの一部に組み込んだのです。そのようにして、イスラエルは後年の教会のあり方を予め示したのだと、受け取ることができます。イスラエルは教会に相当し、キリストを通して神の民に接ぎ木される異邦人キリスト者の立場こそ、われわれの姿なのです。あなたが、こういう主題を取り上げていたならば、家族や結婚というものは、常に、自分とは異質な相手をとりいれていくものであると、十分に語れたかもしれません。そうすれば、キリスト者の共同体を豊かにしているものは何であるかを同時に示せたことでしょう。実際の説教では、普通の人々がそのままで神に用いられるという考えを確認しただけで終わってしまいました。そうではなく、その普通の人々の普通の働きが、より広い、より大きな共同体の構成要素として生かされていくと語りえたはずです。

ここに浮かびあがってきたテーマについて、わたしはもう少々語りたいと思います。わたしが長年考え続けてきた問題だからですが、これはあなたの説教に対する批判ではありません。わたしが多く考えてきたのは、こういうことです。自由主義《リベラリズム》という思想、そして、人々を親戚や近親者から引き離そうとするその目的が、解釈の仕方次第では、どうやら教会のあり方を歪めて映し出したイメージの一種と言えるのではないでしょうか。すでに、少しばかり言及しましたが、教会も、人々をお互い同士から引き離します。現代社会において、人々が互いに疎外され、とりわけ家族から疎外されていく現象は、実は奇妙なことながら、教会もしようとしていることなのです。ただ、まったく違った根拠、すなわち、神の愛という根拠、神のみが可能になさる共同体という根拠に立って、それを行っているのですが。

　この問題は、この説教の根本的な問題だとわたしが考えていることと、あながち無関係ではありません。この説教の深刻な欠点は、ルツの物語の聖書箇所に関連して示されている福音書の朗読箇所を、まったく無視してしまったことにあります。「皇帝のものは皇帝に、神のものは神に返しなさい」（マタイ22・21）は、ルツが下さねばならなかった決断と似たところがあります。ナオミと一緒に行こうと決めたとき、ルツは、自分の生涯の意味を明らかにしてくださる神がどなたであるかを、はっきりさせなければなりませんでした。のちになって、ルツがボアズにトリックを仕掛け、結婚に持ち込んだ行動も、神に忠実な者として、どの共同体に属すべきかという枠組みから考えなければ、とうてい理解できません。神に忠実であることがなければ、家族とは大きな存在であるゆえに、破壊をもたらす組織にもなります。誰に対して忠実であろうとするか、というテーマを、あなたは大学のペアレンツ・ウィークエンド礼拝という場においてこそ、もっと思いめぐらすこともできたでしょうし、そうすれば実に啓発的なものとなったでしょう。今の社会において、神以外の神になりうるものは、国家よりは、むしろ家族だと言えるでしょう。ですからあなたは、「家族のものは家族に、神のものは神に返しなさい」ということも考えることができたでしょう。そのような考えに対しては、その場にいた家族のうちの多くが、怒りを覚えたかもしれません。ご存じのとおり、家族というものは結局のところ、皇帝と同じように、すべてを求めるものです。むろん、両親がすべてを欲しがるのは、子どもの自由を守るという名目のためでしょう。そのことこそ、わたしたちの子どもたちが今日受け取っている多くのダブルメッセージの根源です。親は子どもに「自由になれ」と言います。だが実質的には、「親と似た者になれ」と言っている場合が圧倒的に多いのです。わたしたちが子どもたちに言う必要のあることは、彼らには彼らの生きる道があり、それは家族への忠誠よりも重大だということです。

もしわたしからの提案をするとしたら、違う説教題で始めてはどうかと思います。その題とは「普通とはかけ離れた人々」で、イスラエルの民のあり方にフォーカスを絞るのです。もちろん、イスラエルの民は「普通の人々」から成り立っています。しかし、この「普通の人々」が「普通とはかけ離れた人々」になるのは、神の聖性のしるしとなるために、神から選び分かたれたときです。それゆえ、われわれが「普通の人々」を称賛するのは、「普通の人々」そのままではなくて、彼らが神の国に仕えるようにされていることが神学的に明らかにされる場合に限られるのです。

最後に指摘したいことが二つあります。わたしの考えでは、このテクストが基本的に「女性の役割」について語っていることに、一言も言及しないというのは、失敗だったと思います。あなたは、ルツの信仰が最終的にイエスの誕生につながったことを、見事に表現しました。(ルツの名前が、マタイ福音書第1章の系図の中に登場していることを付け加えてもよかったと思います。)しかし、ルツ記では女性たちが中心的な役割を果たしていることをあなたは十分に強調しなかったと思います。男性がすべてを支配していると思いこんでいるときに、実は女性のほうが男性よりも力を発揮するという場面はしばしばあります。わたしは平和主義者ですが、「正義の戦争」というものが教会の歴史において決定的な役割を果たしたと、しばしば論じています。ところがそれを聴いて、わたしは教会の歴史を読み違えていると指摘される方々がおられます。つまり、教会において主要な役割を果たしてきたのは女性であり、女性は戦争に参加することを許されていないことを、忘れてはならないというのです。男性は、女性が戦争に参加できなくすることで、女性を男性よりも信仰深い存在にしてきたことになります。

もう一点、あなたは、家族に対する第一の敵は教会であるという推論について、あまり深く追求しませんでした。つまり、教会が教会であり続けるために、あなたは実の子どもを持たなくてもよいのであり、結婚する必要もないと主張するのが教会なのです。教会とイスラエルの民との違いが、ここにもあります。あなたにはそれを論じて、似ている点と異なる点をはっきりさせる機会とすることもできます。これらのことは、ペアレンツ・ウィークエンドで話すテーマとしては、あまりやりがいのある仕事でなかったことは認めますが、少なくとも、別のもうひとつの視点を提供することにもなるでしょう。この説教であなたは、現代の家庭についての支配的な見解を支持していましたが、その結果、福音の名において現今の家族にチャレンジしていくことができなかったのではないか、と思います。

平安あれ
スタンリー

第5章　この者たちは誰か？

聖徒の日
ヨハネの黙示録7章9―17節

「この白い衣を着た者たちは、だれか。また、どこから来たのか。」……「彼らは大きな苦難を通って来た者で、その衣を小羊の血で洗って白くしたのである。……」

八〇年代のアメリカを社会学的に見つめた『心の習慣』〔ロバート・N・ベラー著、島薗進・中村圭志訳、みすず書房、一九九一年。原著 *Habits of the Heart*〕の中で、シーラという若い女性へのインタビューを紹介している部分があります。そこで、シーラは、信仰について尋ねられると、こう答えます。「わたしは自分のことを信仰深いと思っています。だけど、教会に行っていたときのことなんて、もう覚えていないほど、ずいぶんと昔になってしまいました。わたしの信仰は、わたし自身のささやかな内なる声なの。わたしはそれを『シーライズム』って呼んでくれてもいいと思っているわ」。ある宗教雑誌では、シーラを「八〇年代の神学者」と呼びました。シーラはわたしたちの代弁者なのです。

あるデューク大学の学生が、最近こんなことを言いました。「このキャンパスでもほかの場所と同じように、信仰はまるで触れてはいけない話題の一つのようだ」、と。わたしたちはあらゆることについて語り合います——セックスについて、政治について、経済について。ところが、信仰についてはどうでしょう？「それは、個人的なこと」だと、わたしたちは言ってしまうでしょう。プライベートなことだと。シーラが言うように、「それは、まさにわたしのささやかな内なる声」なのだ、と。

わたしたちが生きているこの相対主義の時代の中で、宗教に関する意見の不一致は、普通このような声によって片付けられます。「なるほど、もしそれを信じてあなたが幸せなら、それでいいんじゃない。わたしはこれを信じてる。あなたはそれを信じてる。大切なのは、あなたにとって何が正しいと思えるかってこと、そうでしょ？」。信仰とは、自分の個人的見解のことだというのです——その時々の——。

また、わたしたちのような人々にとって、信仰のもっとも厄介な問題の一つは、それが古くさいものだということです。信仰者以外のいったい誰が、一九三〇年代に、実際よりも一〇〇〇年以上昔に建てられたように見える（このチャペルのような）建物を建てようとなんかするでしょう？　またわたしたちは、古い言葉がぎっしりつまった古い書物をわざわざ読みます。さらに聖職者は、滑稽で古めかしい服を着ています。わたしのストールは、かつての古代ローマ時代のネクタイのようなものでした。五世紀頃には、西洋の男性たちはこんなものを身に着けなくなったのに、聖職者はそれを着け続けたのです。

こんなふうに言う人たちがいるとしても、ちっとも不思議ではありません。「もし、教会が本当に現代の人々に語りかけたいのなら、行動を伴うべきだし、自らを現代的に変えるべきだ」。哀れな古びた教会は、時代について行かなくてはならない、と。

しかし、この時代において、わたしたちが時代について行かない理由があるということは言っておかなければなりません。この不適切さには、適切な理由があるのです。伝統や過去は、今日のキリスト者たちに、自分たちのルーツや秩序、知恵、安定性や不変さを与えるだけでなく、選択の可能性をも与えてくれるのです。伝統、それは後ろを振り返るということではなくて、むしろ、わたしたちのヴィジョンを豊かに広げてくれるものなのです。そして、わたしたちの多くは、選択肢がないために死にかかっています。

多くの人にとって、倫理とは生活の中にありうるいろいろなことから焦点を絞っていく、という役割を果たすものです。「わたしは、この問題についてひとつかふたつの答えを考えたんだけれど、わたしにとって正しいと思えるひとつに絞った」、というように。

キリスト者とは、「正しいこと」をする人々です。しかし当然のことながら、わたしたちが主として自分の良心に耳を傾け、自分の個人的な経験に基づいて決断するとき、「自分にとって何が正しいと思えるか」という正しさに対する信念、あるいは、ふさわしい行いというのは、非常に単純化されてしまいます。ところが、そのような単純化は、わたしたちを危険にさらすことになるのです。G・K・チェスタトン〔一八七四―一九三六。英国の文人〕の言葉で言えば、「ただ、たまたま自分の周りを通りかかった人たちによる傲慢で独裁的な意見の奴隷」になる危険を冒すことになるのです。わたしたちの多くは、自分を過去から解放しましたけれど、その結果、現在の奴隷となったにすぎません。現在こそ、わたしたちに多くを要求する主人となっているのです。

経験された過去というものは、それが教会の中であれ外であれ、わたしたちに選択肢を与えてくれます。アフリカ系アメリカ人の歴史、フェミニストの歴史がそうであるように。

ある男の人がいました。みなさんと同じように、町の「由緒正しい」地域の「由緒正しい」家族のもとに生まれました。その人の父親は、裕福な織物商人でした。彼は良い教育を受け、ルックスもよく、良い友人に恵まれました。また、良い時間を過ごし、上等なワインを飲み、戦争にも行きました。この人、フランシス・ベルナルドーネは、年を重ねるにつれてより生真面目な人間に成長していきました。彼は貧しい人々のあまりにもひどい状況が心にかかっていましたが、心にかかってどうしようもなくなる、というほどではありませんでした。ある日、道ばたでハンセン病を患う人に出会ったとき（そう、エイズではなく、ハンセン病です）、馬に乗っていた彼は、振り向き様に自分の良心を満足させる程度のわずかな金を投げ渡し、そこから走り去ろうとしました。そのとき、突然どこからか、大きな憐れみの思いがうねりとなって、それまで気苦労のなかった若者を襲ったのです。彼は引き返し、馬から降り、ポケットからありったけのお金を取り出し、その男の手の中に押し込みました。そして彼は、赤くただれている傷への嫌悪にも打ち勝って、その男を抱きしめたのです。

　そうです、この人こそ、わたしたちの知る「アッシジの聖人フランチェスコ」です。彼は、神に向かって歩いていくために、古い自分を捨て、恵まれた境遇からはずれた人生を歩んだ若者でした。チェスタトンは彼のことをこう表現しました。「フランチェスコは、少年たちがサーカスを見るために走り出すように、神に向かって走っていった」、と。

　さて、わたしがお話ししたような物語は、デューク大学の学生たちの選択肢に、破壊的な影響を及ぼしかねないと思われて当然でしょう。もっとも破壊的で、人々を不安に落とし入れ、革命的でさえある教会による働きの代表的なものは、聖人たちの物語を語ることの中にあるのです。聖人たちは、歴史の中で、そのときの状況が与える限られた選択肢に対して「ノー」と言い、神の豊かさに対して

「イエス」と言ったのです。想起することで、選択肢が広がるのです。

ある大学院生が、この近くにある妊娠中絶のカウンセリングセンターで女性たちに聞き取り調査をしたところ、中絶した女性たちの多くが、それを後悔していると口にしたそうです。「それしか選択肢がなかったの」。それが、彼女たちが中絶せざるをえなかった主な理由でした。その言葉には、「選択の自由」という響きはありませんよね。まさに、「選択肢がなかった」のです。

この社会が記憶を喪失することによって、想像力の欠如が生み出されました。聖人たちを想起することができないということは、神経の機能不全を引き起こします。それは、今日の信仰者たちに共通している症状です。記憶を失えば、選択肢もなくなります。想起するということには、革命的な行動が秘められているのです。

それこそが、わたしがこのチャペルを大切に思っていることのひとつです。日曜日の朝、わたしたちがここに集まるごとに、わたしたちはこのことを鮮やかにはっきりと想い起こします。自分たちが始めたことは何ひとつないということを。礼拝に集まるとき、わたしたちはいつでも債務者です。マヤ・アンジェロウ〔一九二八年、ミズーリ州セントルイス生まれ。作家〕はこう言っています。「あなたのための支払いはすでに済んでいる」と。ホームカミングデイ、そして、聖徒の日であるこの日、わたしたちがここに集まるとき、わたしたちの信仰の先達たちはわたしたちを上から見つめています。

デボラ、サムソン、ギデオン、マリア、そしてすべての聖人たち。わたしたちが集まるごとに、わたしたちは神と人との対話の中に加えられているのです。それは、わたしたちが生まれるずっと前から始まっていて、わたしたちが死んだのちもずっと続いていく対話です。またそれは、わたしたちが単なる現代社会で経験できる対話より、もっと多様で豊かなものです。だから、みなさんはこの場所を愛しているのでしょう？　あるいは、だから、みなさんはこの場所におそれを感じているのでしょう？

「わたしは精いっぱいやっています。そう、わたしは自分のことを信仰深いと思っているんです。でも、あからさまに見せびらかしたりはしません。人は、自分の中の熱心はほどほどにして、周りに合わせることを学ぶべきなのです」。そしてあなたは、何でも受け入れ、合わせてきたのです。

そうして、母親を喜ばせるために、日曜日にはジャケットを着用して、ネクタイをしめて、教会に行きます。「ねえ、お母さん、僕は朝起きたら歯を磨くし、土曜日にデートするときはちゃんと用心してるんだ。そう、日曜日のチャペルに響かないようにね」

しかし、チャペルに入ると、何かにおいがします。玄関のところにいる鳩のにおい？　オーデコロンのにおい？　何だろう、このにおいは？

そして、このチャペルを入って左側を見ると、そこにサボナローラ（一四五二―一四九八。イタリアの宗教改革者。火刑に処せられた〕がいるのが見えます。その隣にはウィクリフ〔一三二〇頃—一三八四。イギリスの宗教改革者〕が立っています。そしてあなたは、先ほどのにおいが何だったのかに気づきます。火あぶりで焼かれる人の肉のにおいです。

そうしてその席に座ると、ネクタイをゆるめ、あわてて安全ベルトを捜します。なぜなら、聖人たちに囲まれたあなたは、礼拝の終わりにはいったい自分がどこにいることになるか予測がつかないからです。洗礼によって、あなた自身が聖人のひとりとなっているのです。

ある人はひょっとすると思うかもしれません。こんなにも高いところにいるこんなにも多くの一緒に礼拝をしている人たちが、説教の間中、説教者を肩越しに見つめていてくれるのなら、ここでの説教ももう少しましものになるかもしれない、と。わたしの説教の善し悪しは、興味深いか、分かりやすいか、そして短いかということだけで判断されるのではなくて、聖人たちの評価に耐えうるものかどうかによって判断されるのです。というのは、わたしが説教することでお金をいただきながら語っている信仰は、わたし自身の信仰ではありませんし、あなたの信仰でもありません。それは教会の信仰、二〇〇〇年にわたって脈々と続く人々の信仰であり、その中の最良の部分は血をもって書かれています。

聖書が置かれているこの台の下には、頭のはげたひとりの聖人がいます。間違いなければ、聖アンブロシウスです。彼は、巻物と羽根ペンをその手に持っています。わたしはかつて、彼が神の霊感のシンボルとしてそこにいるのだと思っていました――この聖人は、主の言葉をノートに書き記しているのだ、と。ある日、わたしははっとさせられたのです。彼がそこに、説教卓の真下にいるのは、わたしの説教の言葉をノートに書き記しているからなのです！　わたしは、ブロディ教授〔デューク大学の当時の学長〕や理事たちに対して責任があるだけではありません。そうではなく、聖人たちに対する責任があるのです。それは、説教者にとって、ある意味おそろしいことです。

ここで説教をしたことのあるフレッド・クラドックは、自分の子ども時代に通っていたテネシー州の小さな教会に帰ったときのことを話してくれました。彼は本当に久しぶりにその教会を訪ねました。礼拝堂の中を歩きながら、前にはなかったステンドグラスの窓がたくさん新調されているのに気がつきました。ゆっくりステンドグラスを見ていきながら、どの窓にもそれらを寄贈した人の名前が下の方に記されているのを見つけました。しかし、見覚えのある名前は一つもありません。

「わたしが子どもだった頃にはいなかった新しい人たちが大勢加わったんだね」。そうフレッドは教会員のひとりに言いました。「知らない名前ばかりだよ」

すると、その人は言いました。「ああ、あの人たちはここの教会員ではないんですよ。この町は、あなたが子どもだったときからちっとも大きくなってはいません。だから、教会も大きくなっていないんです。あのステンドグラスは、イタリアの会社から買い取りました。もともと、あのステンドグラスは、セントルイスにある教会のために作られたものだったんです。ところが、届いてみたら、大きさが合わなかったんだそうです。その会社は、お詫びに新しいステンドグラスを作るので、不要になったステンドグラスはどこへなりと売ってくださいと言ったんだそうです。それを、わたしたちが買ったというわけです」

「だけど、あの名前を消したいとは思わないのですか？」、フレッドは尋ねました。

「ええ、わたしたちもそのことは考えました。でも、ここは小さな教会です。ここには、わたしたちのほかに新しい人は誰もいません。だからわたしたちは、日曜日の礼拝のとき、仲間以外の人たちの名前に囲まれて、ここに座っているのが素敵なことだと考えるようになったんです」

親愛なるウィル

今回の聖徒の日をめぐる説教は、ほぼ完璧だったと思います。神学的な深みがあっただけでなく、説教の技巧《アート》の見事な実例となっていました。あなたはいつも、わたしがあなたの説教の技巧について見逃していると言って批判しますが、今回は、たとえば、説教の終わりの部分が、実に見事に、冒頭の部分に対する別の選択肢となっていることをわたしは見逃していません。この説教は、自分が何者であるかを知るための手助けをしてくれる人が誰もいないシーラという女性の話から始まり、説教の終わりでは、あのクラドックのすばらしい逸話、教会の人々が、数えきれないほどの聖人たちにとり囲まれているという話でまとめられています。

さらに言えば、あなたがこの説教で、教会堂を用いた説明の仕方はすばらしいものでした。わたしがいつも感心するのは、説教のある部分については語らないままにしておく、というあなたの見事なやり方です。その一例ですが、あなたは、「このような建物が、実はわたしたちに記憶を保持させているのです」と言ってしまうこともできたでしょう。このような贈り物を与えられている限り、わたしたちの記憶は消え去ることはありません。ただ、わたしたちがそれを使い損ねているだけのことです。こうしたことを、あなたは言おうと考えたに違いありません。けれど、あなたはそれを言わずに、聖人たちの存在が今のわたしたちにとってどんな危険をはらんでいるかを、彫像やステンドグラスを用いて思い起こさせるに留めました。

もちろん、わたしだったら、ここで　ヨハン・バプティスト・メッツ〔一九二八年生まれのドイツのカトリック神学者〕を引用して、危険な記憶の共同体であることが、教会にとってどんな意味を持つのかを語りたくなるところです。しかしあなたは、人々が手に入れ損ねているものが何であるかを言うために、概念的に物事を示すことよりも、むしろその代わりに、具体的な教会堂の話をし、とりわけ、聖フランチェスコの話を例に挙げました。さらに言えば、あなたは、教会の中にいる誰もが聖人であることについては多くを語らず、みんなが特別に注目する何人かの信仰の先人がいることだけを語りました。このことについては、それを避けたのは賢明でしたが、それでも、最終的には避けて通れない事柄です。

このことについて言っておきたいのは、教会が聖人の共同体であるか否かは、わたしたちの間で輝きを放っている人たちを、教会が気づくことができるかどうかにかかっているということです。聖人というものは、記憶の共同体なしには意味がありません。その共同体は、ある人たちを際立って目立つ存在としながら、わたしたちを評価し、わたしたちの生き方に問いを投げかける働きをさせようとしているのです。そのような聖徒の交わりこそが、聖人の存在を可能にするのです。

プロテスタント教会が聖人というものに批判的であることについて、あなたは一言も話題にしませんでした。わたしたちが聖人たちの存在に気づかず、あるいは認めずにいる限り、これまでのプロテスタント教会は不完全なままの状態にあると言わなければなりません。今日、わたしたちが抱えている深刻な問題の一つは、カトリック教会とは違って、列福〔カトリック教会において徳と聖性が認められ、福者（聖人の前段階）の地位にあげられることをいう〕の手段を持っていないということです。その代わりに、誰を聖人と見るかは、非常に限定された記憶に基づいて行われています。それは教会における権威の問題とも関わっており、そのことを説教で展開できたかもしれません。というのは、これは「シーライズム」の中心にある問題だからです。権威というもののない世界では、聖人は生まれないでしょう。その結果、「自分で選択する」という独裁主義に囚われてしまうのです。

あなたが用いた例の中で、妊娠中絶を取り上げたことは特に勇気のあることであったと思います。それは、できればまったく触れずにやり過ごしたくなる話題ですが、しかし、あなたは実に良いかたちでそれを述べたとわたしは思います。というのは、問題はわたしたちが選択肢を持たないことにではなく、想像力の欠如のために、それしかないのだと自ら思い込んでいることだということを、あなたが示したからです。この想像力の欠如とは、さらに言えば、共同体の欠如を意味しています。つまり、若い女性たちに他の選択肢があることを知らせてくれるような友人のいる共同体がないのです。権威の問題については、やや疑問が残ることにも少し触れておきましょう。ある人たちには、妊娠中絶の話題が説教の本筋である聖人であることについての話題と、どうつながっているのか伝わっていないのではないかと思うのです。というのは、選択、記憶、聖人、そして権威との関係が必ずしも示されていなかったからです。しかし、ここでも、聴き手にその関係を十分に考えさせることが大切だと思いますので、わたしはあなたの説教を批判するわけにはいきません。

事実、わたしが説教の技巧《アート》に関して学ぼうとしていることのひとつは、いかに言いすぎないようにするかということです。というのは、もし語りすぎてしまうなら、聴き手は説教の聴き手としてなすべきことを何もしなくなるでしょう。大事なことは、わたしたちが共通して蓄えている連想を引き出すイメージを提供することによって、聴き手が自分で結びつけることができるようにし、そのようにして今生きて働く聖書の御言葉に聴き手を引き込むことです。わたしたちの文化では、共通して蓄えているイメージはそれほど多くはなく、わずかに残っている蓄えさえもひどく質の悪いものとなっており、問題はそのような文化の中でこうしたことを試みることにどんな意味があるかということです。どのようなイメージを提供するかは、明らかに主題ごとに状況が違ってきますが、この説教であなたはそれを巧みに用いたと思います。

聖徒の日とホームカミングデイが重なっているのはすばらしいことではないでしょうか？　これについてあなたが深入りせず、説教の主題に関係することだけを手短に述べて、その話題からは距離を置いたのがよかったと思います。他者から贈られ、受け継がれてきたものの上に立って生きていくということは、現代の教会の営みにとってもっと強調されるべきテーマなのです。

もしこの説教についてわたしが批判するところがあるとすれば、それは、あなたが聖人について、それにふさわしい終末論的な枠組みの中で語らなかったことです。テクストをヨハネの黙示録から採用したのはよかったのですが、聖人は単なる過去の人物、後方に控えているだけの人物ではないということを、少なくとも一言は言っておくべきだったでしょう。彼らは、わたしたちの中に今いるのです。わたしたちは聖徒の交わりにすでに加えられているのですから。それが可能になったのは、神がわたしたちを終末論的な存在として捉えておられるからです。そのような方法をとれば、あなたは説教のクライマックスで、聖餐に話を持っていくことができたでしょう。それは、すでに世を去った人々と共に、そして、これから来る人々と共に、今日わたしたちが祝っているものです。わたしは、あなたが御言葉と聖餐の相互関係について、今日、強調しすぎることはないと思います。しかし、それを無理にこじつけることなく実行することが難しいのです。

あなたは一つの正解に辿りつくにちがいないとわたしは思っていました。そのような説教を聴けたのはうれしいことでした。

平安あれ
スタンリー

第6章　厳しい主人？

聖霊降臨節第24主日
マタイによる福音書25章14―28節

「御主人様、あなたは蒔かない所から刈り取り、散らさない所からかき集められる厳しい方だと知っていましたので、恐ろしくなり、出かけて行って、あなたのタラントンを地の中に隠しておきました。……」

この物語でわたしたちが自分を誰に重ね合わせるのか。それはもちろん、一タラントンを預かった男です。それはおそらく、わたしたちの中に才能の有り余るような人が少ないからでしょうし、それはおそらく、小さき者が成功する物語が好きだからでしょう。国税庁の権力に立ち向かって勝利を収めた女性の物語。巨大な大学と一対一で対決して勝利した学生の物語。わたしたちは小さき者の側に立つのです。

わたしたちと共に過ごした時間の終わり近く、イエスは一つの物語を話されました。このタラントンの譬え話は、地上での生涯の終わり近く、イエスが世を去る直前に話されたものです。

ある男が旅に出ようとします。彼は金持ちです。僕たちを呼んで財産を預けるとき、僕たちに大金を分け与えています。一人には五タラントンを与えます。タラントンは、古代近東においてもっとも大きな通貨単位です。一タラントンは純銀六〇―七五ポンド〔約二七―三四キロ〕に相当すると言われます。莫大な財産です。他の人には二タラントン、一〇〇ポンド〔約四五キロ〕以上の銀を与え、三番目の僕には一タラントン、約一五年分の賃金の一括払いです。

それから主人は町を出ていってしまうのですが、おそらくそのために一タラントンをもらった僕に対するわたしたちの同情の念はいっそう増すのでしょう。この主人は金持ちなだけではなく不在地主で、僕たちがアパラチア地方の鉱山かノースカロライナの織物工場かで主人のために奴隷のように働く間、おそらく東海岸北部のどこかで悠々と生活しているのです。僕たちが投資について助言をほしいと願う肝心なときに、主人はこのとんでもなく莫大な金を貧しかった僕たちに一まとめに預けたまま、クルージングに出かけてしまいます。

最初の僕と二番目の僕は主人の金で商才を発揮します。三番目の僕は慎重で、正しいふるまいをします。彼は一タラントンしか持っていません。五タラントンでもなく二タラントンでもなく。しかしすでに申し上げたように一タラントンは大金です。彼は穴を掘り、それを埋め、見張りをしながら安全に守ります。

彼は最初と二番目の僕のように、出ていって主人の金を危険にさらすことはしません。彼はそれを土に埋めます。土に埋めることは当時の人々の大多数にとって持ち物を保護する唯一の手段でした。ラビたちの規定によると、誰かがお金を預けて、その金が全部無くなった場合、もしも相手がその金を慎重に土の中に隠しておいていたのなら、紛失した金について責任を負わなくてもよいことになっていました。ラビ・サムエルは「金は土の中に置いておくことで保護される」と言いました。金を土の中に入れておくことで三番目の僕は、主人が戻ってきたときに好意的な評価を得られると確信しているのです。彼は責任感と慎重さと賢明さをもって行動したのです。あなたもわたしも、同じ立場ならきっとそうしたでしょう。

さらに言えば、三番目の僕は、企業倫理の課程を修得したに違いありません（短期コースでしょうけれど）。彼はすべての僕の中で管理人としての倫理を考慮した唯一の人であるかのようです。つまり、これは主人の金であって自分の金ではありません。彼には主人のお金を無謀な投資につぎ込む権利がありません。その上、高利貸しをして利子を得ることは、イスラエルにおいてまだ歓迎されていないことでした。彼は正しいことをしています。金を埋めるのです。

やがて、主人が戻ってきて、不在中の状況を知ろうとします。最初の僕と二番目の僕は仕事がうまくいったことを報告します。彼らは主人の金を持ってゆき、投資してすばらしい結果を得ました。主人は非常に感動し、そこで彼らにすべてのお金を任せました。「主人と一緒に喜んでくれ」と主人は彼らに言ったのです。

三番目の僕が報告するのも、すばらしい結果です。「ご覧ください。ご主人様、あなたはわたしに一タラントンをくださいました。ここにあなたの一タラントンをお返しします。すべては無事で安全です。わたしは少しも浪費しませんでした。それらを決して危険にさらさなかったのです。無謀な事業計画に金をつぎ込むことも、友人たちに貸すこともしませんでした。わたしは、あなたは厳しい方で、生っ白いカブラからも血を搾り出そうとする方、蒔かない所から刈り入れようとする方、散らさなかった所から集めようとする方だと知っていました。ここにあなたの一タラントンはまったく安全です」

そこで主人は言います。「怠け者の悪い僕だ。わたしがカブラから血を搾り出すとはよくも言ったものだ。もしもそうであるなら、もしもわたしが無慈悲であるならば、その一タラントンを連邦預金保険公社が承認した確かな銀行の元本保証型定期預金に預けておくべきではなかったか。そうしたら、少なくとも六パーセントばかりの利子は得られただろう。この男の持っているものを取り上げて一〇タラントンを持っている者に与えよ」

わたしたちはこの話が好きになれません。この人は正しいこと、慎重なこと、わたしたちでもやりそうなことをしたのに酷評されました。どうも、わたしたちはこの物語が好きにはなれません。

金持ちはますます富む。貧しい人はひどい目にあわされる。ところで、イエスはもっと好感をもてる物語も話しておられます。ある日曜日、教会で人々が献金皿を回していました。高額の紙幣、小切手、アメリカン・エキスプレスカードも皿に載せられました。そのとき貧しいやもめが自分の持っているすべて、二五セント硬貨一つを入れました。イエスは金持ちではなく貧しいやもめを称賛なさいました。

わたしたちが好きなのは、小さき者がみんなから注目されるようになり、大きい人がぎゃふんと言う物語です。

わたしたちはこの少ししか与えられなかった男の物語を好きになれません。おびえているこの男は、わずかな一タラントンを握りしめ、震えながら言います。「ご主人様、わたしはあなたが厳しい方で、蒔かない所から刈り入れる方だと知っていました。それでわたしは注意深く、慎重に、用心していました。そのことこそキリスト者が大切にしてきたよき美徳なのではありませんか」

「このけしからんやつめ！　この男の持っているものを取り上げよ――他の人に与えるがよい」

ところで、もしもわたしが、自分の一〇〇ドルをみなさんに与えるほど愚かであったとしても、あなたがそれを投資につぎ込むことは決して願わないでしょう。それを地の中に隠しておいてほしい。わたしだったら、元金を危険にさらすより利子が得られなくても元金を確保したいと思います。

さて、あなたはこの主人をどう思うでしょう？　それがこの物語の最後でわたしたちの心に残される問いです。この主人とはいったい誰なのでしょう？　わたしたちが知っているのはただ、彼が金持ちであること、遠くに出かけていたけれどやがて帰ってきたこと、リスクを冒しながらも多額のお金を三人の僕に預けたこと、三番目の僕からはすべてを取り上げたが、二人の僕にそのお金を全部与えたことだけです。

わたしたちはまず、この主人について、三番目の僕が下した評価に同意したくなります。「ご主人様、あなたは蒔かない所から刈り取り、散らさない所から集められる厳しい方だと知っていました。あなたは厳しい方、非情な方です」。しかし、よく考えてみますと、それは主人についての三番目の僕の意見にすぎないのです。主人は自分の事業のやり方に対する僕の意見を肯定も否定もしていません。それはわたしたちが決定する問題として残されたままです。あなたは、この主人について、どう考えますか？

この物語が始まったときには、わたしたちは主人が無慈悲な事業家であるとは思いませんでした。

実は正反対に考えていたかもしれません。一五年分の賃金を預けて町を離れる企業家は無慈悲な企業家でしょうか？

この物語の始まりでは、この主人が無慈悲だと、あなたは決して思わなかったはずです。むしろ慈愛深い人のように思えます。三人の僕に一〇〇〇ポンドの純銀を惜しまず分け与え、それで何をするかについても何の制限も設けずに町を離れたのですから。

そして彼が清算と評価のために戻るときこそ、裁判官の小槌が振り下ろされると予想するまさにそのとき、無慈悲な男と呼ばれているこの人はそのお金を僕たちに与えようとするのです。この主人は最初の僕と二番目の僕に、まさにそのようにします。二人にお金を渡すのです。全額を。主人は僕たちにそのお金で何をしたかを正しく報告するように求め、彼らがそのお金で多くのことをしたことを知って、主人が帰ってきて、清算を始め、評価を下し始めたとき、あらためてお金を全部彼らに与えます。「主人と一緒に喜んでくれ」

これが無慈悲なことのように聞こえるでしょうか？

いいえ、三番目の僕、わたしたちの仲間、わずかなものしか持たない男が決算報告のために立ち上がったときに初めて、その男からわたしたちは聞かされたのです。「ご主人様、わたしはあなたが無慈悲な方だと知っていました。あなたは蒔かなかった所から刈り取る非情な方です。ここにあなたの一タラントンがあります、厳しいご主人。まったく安全かつ無事です。わたしが立派だったと、おっしゃってください」

この男は、蒔かない所から刈り取る方だと言いましたね。主人が自分たちに一〇〇〇ポンドの銀をくれたときに、僕たちは主人が何をしていると考えていたのでしょうか？　主人は蒔いていたのです！　そんなふうに蒔いたものから、主人がある程度の収穫を期待するのは不当なことなのでしょうか？

あなたはこの主人をどう思うでしょう？

ある学部長が大学の研究休暇で出かけようとしていました。そこで彼は、学科長たちを呼び集めました。一人には五学科、他の人には二学科、もう一人には一学科を預けました。そして学部長はホノルルで植物の研究をするために出かけて行きました。五学科を預かった人は忙しく働いて、別の五学科を設置しました。同じく二学科を預かった人も他に二学科を設置しました。しかし一学科を預かった人は、自分の研究室に座って、現状維持に努めました。

かなりの日が経ってから、学部長はアロハシャツを着て帰ってきて、学術評議員たちの前に三人を呼び集めました。五学科を預かった教授は預かったものと新しく設置した五学科を差し出しました。「よくやった。良い学科長だ」。学部長は言い、「わたしはあなたを副学部長に任じる。アレン棟〔デューク大学の管理棟〕で一緒に喜んでくれ」。彼は二つの新しい学科を設置した教授にも同じように言いました。

一学科だけを預かっていた人は言いました。「学部長、わたしはあなたが厳しい方だと知っていました。それでわたしは恐ろしくなりました。わたしはどんなチャンスものにしようとしませんでした。誰も雇わなかったし、新しいカリキュラムコースも作らず、全米学識者協会（ＮＡＳ）にも動物虐待防止愛護協会（ＳＰＣＡ）にも加盟しなかったのです。ただ勤務時間を守り、報告書を仕上げてきました」

「あなたは怠け者の悪い学科長だ」、と学部長は言いました。「わたしがスタンフォード大学にいたときに、そのような者たちをいかに怒鳴りつけたかをあなたも聞いたはずだ。あなたは教授の仕事の分担を増やし、新しいコースを始め、『クロニクル』紙の広告収入を増やし、新しい専攻科目を用意しておくべきだった。そうしていたら、わたしが帰ってきたときに、『ニューズウィーク』誌がわたしたちをプリンストン大学より高いランクにつけただろう。わたしが厳しい学部長だとはよく言ったものだ。ここはデューク大学だ。あなたのような人でも終身在職に待遇されている。わたしの望みどおりにしてもよかったなら、あなたの処遇をどうしていたろう？　主よ、わたしをこのような帳尻合わせの男どもから救い出して、手腕を振るおうとする人をお与えください！　さあ、学科をこの男から取り上げて、それをどのように扱うべきかを心得ている者に与えよ――この小さな大学を有名にできる人に！」

「わたしはあなたが厳しい方だと知っていました」。さて、本当に、この僕は主人のことを知っているのでしょうか？　この主人とはいったい誰なのでしょう？　彼は蒔かない所から刈り取ろうとする、無慈悲で厳しい方なのでしょうか？（この物語についてはウィリアム・A・ビアズリの「タラントンの譬え話をめぐる会話」［William A. Beardslee, *Pulpit Digest*, Oct. 1985, pp. 44-45］に依拠した）

それともこの主人は、太っ腹で向こう見ずなやり手で、僕を篤く信頼し、さらにその上、寛大な方なのでしょうか？　彼は自分の持っているものを全部僕に与えました。最後の一セントまで。僕たちが自分と同じくらい向こう見ずであることを期待するのは、それほど無慈悲なことでしょうか？　僕たちが決算報告のために戻ってきたとき、喜んだ主人は僕たちが稼いだ利益のうちのいくらかを、僕たちの手元に残してやったとあなたは思っているかもしれません。そうではありません。主人は僕らにすべてを与えたのです。利益も、元金もすべてを。

この主人とは、いったい誰なのでしょう？

イエスは、ビジネスについて、おもしろい考えを持っておられました。（種を蒔く人が種蒔きに出かけ、注意深く耕し、うねをつけ、一直線のうねに正確に六インチごとに種を入れていった……）

いいえ、イエスは言われました。種を蒔く人が出かけて、ただ四方八方に種を投げて蒔いた。あたり一面にばらまいた。もちろん、ある種は石地に、ある種は茨の間に、ある種は良い土地に落ちた――このような蒔き方なので、収穫は土地によってばらつきがあります。

ご主人様、あなたは無頓着な種蒔きをするのだから、収穫もばらつきがあるのをご存じのはずです。主人は言いました。「いいや、すべて育つままにしておきなさい。後で選り分けよう」

この主人とは、いったい誰なのでしょう？

大雑把な農作業を終え、常識外れの羊の放牧をしながらイエスは言われました。「良い羊飼いは羊のために命を捨てる」。何ですって？　あなたは九・九五ドルプラス送料で買える羊のために自分のいのちを捨てる牧者だと言うのですか？　それはあまりに愚かな牧者です。あるいはとても信じられないほど浪費家の牧者です。

この主人とは、いったい誰なのでしょう？　そしてこの方の僕として、あなたの生活はどのようにあるべきなのでしょう？

あなたの説教「厳しい主人？」は、いささか曖昧なところがありました。わたしがこれから話そうとするのは、あなたが伝えようとしたができなかった説教についてのことです。会衆に神の本質について考えさせるために、あなたがこの聖書箇所を設定したことに感心しています。しかしながらあなたが十分力ある形でそれを成しえたとは思いません。なぜなら会衆があなたの説教から読み取ろうとした物語は、あなたが会衆に汲みとってほしいと願った物語ではなかったからです。

わたしが好んで引用する句の一つは、スアール枢機卿〔第二次大戦中から戦後にかけてのパリ大司教〕に由来するものですが、彼は言いました。「証人になるとは、人々を扇動したり鼓舞したりすることではなく、生ける神秘となることである。それは、神なしには意味をなさない生き方をすることである」。わたしはそれこそがあなたがこの説教でしようとしていたことだと思います。すなわち会衆にこの譬え話に想像力豊かに関わってもらい、このような疑問を抱いてほしいと思ったのでしょう。「このお金は全額返却しなければならないと思い込んでいる、あわれな僕のもとにおいでになる神とは、いったいどのような神だと考えれば、その意味が分かるのだろう？」

戦略は認めますが、その戦略が功を奏して、会衆に十分に説教が伝わったとは思えません。実は、わたしはそのようなことを「戦略《ストラテジー》」と呼んでいいものか、躊躇する思いがあります。なぜならそこに「操作的」という響きがあるからです。あなたが意図的に操作しようとしたのだとは思いません。あなたは、イエスの声を直接聴いた聴衆に起こったことを、会衆に引き起こそうとしました。しかしそれは起こらなかったと思います。なぜならタラントンそれ自体と関連のある事柄について、言及せずに済ませてしまったことがあまりに多かったからです。たとえば、あなたが古代世界において一タラントンはどれほど大きい価値があるのかを提示したのは、誤りの一つだったと思います。わたしはそのような歴史的な観点が、この譬え話の理解に役立つとは思っていないのです。

あなたの説教に欠けている点は、譬え話の筋がとおるようにする全体的な終末論的枠組みがないことです。あなたが、どんな主人ならばこれを要求するだろうかという点に注意を喚起したのは正しかったのですが、単にどんな主人であるかではなく、主人がどんな役割を担っているかによって、この譬え話は意味をなすのです――つまり、今やこの方、イエスの前に立つことで、全宇宙はその運命に直面させられるのです。そのように対面させられたわたしたちは、安全第一の行為をすることがもはやできなくなり、リスクが避けられない生き方をせざるをえないのです。

そのような意味でこの箇所は、企業家であることについての資本主義的前提条件を支持するために用いられてきました。現代の資本家が一番やりたくないことは、皮肉なことに、リスクを冒すことです。なぜなら現代企業は、リスクを冒すことではなくリスクを飼いならすことに依存しているからです。現代のビジネスパーソンにとって我慢できないのは、「予測不可能」であることです。あなたが望む市場の姿、あなたのビジネスを拡大しようとする際に必要なことを正確に把握するためには、この先五年、もしできるならば一〇年先に、どうなるのかを知っておかなければなりません。

ある種の経済イデオロギーを支持するため、この箇所がかつてどのように利用されたかをあなたが考えたことを、わたしは知っています。あなたはそれを避けたかったのでしょう。ですから、その話にはまったく触れませんでした。しかし、わたしは、あなたがその話題に触れて、本当は神の国にはリスクが伴うことを示す必要があったと思います。イエスの神の国の宣教は、結果の不確かな生活を送らねばならない場所にわたしたちを導きます。そのようにして、生活それ自体が、わたしたちがイエスと出会わなかったらなろうとはしなかったかもしれない民になるようにと、わたしたちを駆り立てる必要性を生み出すのです。

しばしばわたしは、これを平和主義者としての自分と関連させながら考えます。人々は、「もし～なら、あなたはどうしますか」という問いを平和主義者に突きつけながら、暴力を行使する必要があるように見える状況について詳細を聞かせます。しかしながら、非暴力的であることの意味は、イエスと出会わなかったなら存在しなかったはずの別の選択肢へと、想像力豊かにわたしたちを歩み出させる必要性を生み出していくものなのです。たとえば、『ウォーターシップ・ダウンのウサギたち』の物語を思い出すならば――わたしはそれを『品格の共同体』（*A Community of Character*）で用いましたが――ウサギたちが飼育場から脱出した直後、ヘイズルはみんなと川を渡らねばならなくなります。川を渡るためには泳がなければなりません。一緒にいたもっとも小さいウサギはそれができるほど強くありません。軍国主義者のようなあるウサギは言います。「あいつは置いていけばいい」。そしてそれは、世の中でもっとも理に適うことです。そのようにしなければ、追いかけてくる犬にみんな殺されてしまいます。けれども、まだ本当のリーダーになってはいないヘイズルは言います。「あなたは正しい。あなたは先に行きなさい。わたしはこの弱いウサギとここに残ります。わたしが彼を巻き込んだのだから」。群れの中の聡明なウサギは、それを聞いてこう言いました。「板に乗せて浮かべ、川を渡らせるのはどうでしょう」。道徳的・神学的関与は、必要に対して想像力豊かな反応を引き出します。

わたしはそれが、この天の国の譬えにおいてイエスの言わんとしたことだと思います。イエスが暗示するのは、天の国はわたしたちがその賜物を用いて、別のやり方では存在しえない世界を創り上げ、新しい姿の中へとわたしたちの歩みを進ませてくれる、ということでした。わたしはこの譬え話を、賜物についてのパウロの理解との関連でいつも考えています。教会は教会員の異なる多くの賜物によって建てられ、天の国の一つの共同体という点において新しい姿を持つのです。リスクを遠ざけるのではなく、むしろリスクを作り出し、わたしたちの賜物の価値を高めていくのです。

またわたしは、この譬え話を『善のもろさ』（*The Fragility of Goodness*）でマーサ・C・ヌスバウムによって提起された問題と照らし合わせて読みます。ご存じのように、ヌスバウムは美徳自体がわれわれの生活を脆弱にさせる、つまり運による影響をより受けやすくさせると主張します。わたしなりに言い換えるなら、勇者の世界は臆病者の世界とは異なっています。勇者は臆病者よりはるかに危険な世界の中で生きています。それはまさに彼らが勇敢であるからです。したがってもしあなたが勇敢に生きたいと願うなら、臆病者はそんなことが存在するとも思っていない危険に、自分のいのちをさらさねばなりません。

美徳と運との間にある相関関係を想定したことにおいてヌスバウムは正しかったのです。ただわたしたちキリスト者はそれを「運」と言わないで「恵み」と呼びます。わたしは世界が偶然によって成り立っているとは信じていません。わたしたちは、神の摂理的な配慮の世界の中に生きているのです。摂理的な配慮を通じて神は、われわれを神の教会の一員として召され、神の国の富と多様さとを証しするようにしてくださいました。それは危険の伴うことですが、それらの危険は恵みになるのです。

これらのことは、神が、ナザレのイエスにおいてわたしたちが見出す神であられるときに初めて、意味をなすことです。あなたがした誤りは、その終末論的文脈からこれらの譬え話を分離したことでした。わたしがあなたに促したかったのは、主人をもっと徹底したキリスト論的状況に置くことでした。わたしがあなたに求めているのは、いくつかの学科の責任を人々に任せる学部長のような例を用いて悦に入ったりしてはいけない、ということです（それにしてもへたな類比でした。良い学科長は学科の数を増やして自分が長に収まるのではなく、教授の数を増やすはずです）。それよりも、主人であるこのイエスの重要性を説教で打ち出すためにもっと時間をかけ、自分たちの人生を意味のあるものにしようとしてあなたの説教を聴いている聴衆を信頼しなさい、ということです。

わたしがいささか戸惑っているのは、この応答において、あなたが実際に説教で伝えたことを避け、あなたが説教で伝えるべきだったことをお伝えしてしまったように思えるからです。わたしたちの神は尽きることのない方なので、聖書の与えてくれるものは無尽蔵だからです。しかしながら、どうしたわけか冷静にこのテクストに向かうと、わたしにはこの説教が理解できませんでした。ですからわたしは、あなたが説教すべきだと思ったことについて、語らなければならなかったというわけです。

平安あれ
スタンリー

第7章 主の日

聖霊降臨節第23主日
アモス書5章18―24節

災いだ、主の日を待ち望む者は。……
わたしはお前たちの祭りを憎み、退ける。
祭りの献げ物の香りも喜ばない。

今日は日曜日、主の日です。わたしたちが礼拝をささげる日です。礼拝、それは、わたしがデューク大学神学部に来て、最初に教室で教えたことです。わたしは礼拝に関してなら、まがりなりにも、専門家のひとりです。日曜日すなわち主の日に行うべきことは何か。それは礼拝です。

そういうわけで、わたしは、礼拝はこう行うべきだという確固たる意見を持っています。正しい礼拝とはこういうものだというイメージがありますし、みなさんにも、同じく、礼拝とはこうあるべきだというイメージがおありだと思います。そして、みなさんの大多数はデューク大学のチャペルで正しい礼拝が行われているとお考えだから、この礼拝に出席されているわけです。ここの礼拝が今のみなさんにとっては「よい」礼拝なのです。

わたしには「よい」礼拝に関連して、気にくわないこと、偏見かもしれないがどうしても言いたいこともあります。たとえば、礼拝前のおしゃべりは好ましいとは思っておりません。ですから、みなさんにお配りしている週報の第一ページの最初に、前奏が始まったら雑談はご遠慮くださいと書いてあります。それでも、時々はおしゃべりなさる方がありますね。わたしはそれを好みません。もうひとつ、牧師がいわゆる「ステンドグラスふうの」声で話すというのも好みません。どういう話し方かはお分かりですね？「この祝福された朝に、ようこそいらっしゃいました。みなさまに神の祝福がありますように。それではお立ちになって、讃美歌の435番をご一緒に賛美しましょう」といったたぐいの話し方で、わたしはこれも好みません。礼拝の中での「子どもへの説教」というのも好みません。「びっくりハウス」のビルおじさんみたいな実演を牧師が礼拝でやるのはどうかと思います。日曜の朝以外のときに、いくらでもなさればいいと思います。「ご一緒にお祈りしてよろしいでしょうか？」というお祈りへの誘いも、どうかと思います。もし万一、朝の礼拝で誰かが、「いいえ、よろしくありません」と答えたらどうなるのですか。「祈りましょう」で十分ではないでしょうか。

プラスティックの造花（たいていは薄汚れています）、男ばかりの礼拝案内係、美男子の説教者——こういうのもわたしには気にいりません。みなさんもこんな具合におしゃべりを始めたら、きっとそれぞれの一覧表がおありのことでしょう。（南部なまりの抜けない説教者、説教卓からのわざとらしい発言、説教に偽装された学生部長批判……）こういうのはお好きではないとおっしゃるでしょう。

しかしながら、神がお好きな礼拝はどういうものか、そのことを考えたことがあるでしょうか？神が日曜の朝の礼拝に期待しておられることは、いったい何なのでしょう？　わたしが礼拝について考えたことを少々ふりかえってみます。日曜の賛美と祈りの基本的な目的は、まず位置づけにあります。わたしたちは、どこでも勝手に礼拝をするのではありません。どこかの場所に必ず来ます。ある場所に、ある特別な位置に来ます。日曜の朝に、特定の場所に来ることで、いわば人生の中心軸を定めます。時には混乱し、混沌とした世界のなかで、われわれ自身の位置づけを行うのです。多分このために、われわれの礼拝堂は、必要と思われる以上に大きく、壮麗なものに築かれているのでしょう。デューク大学礼拝堂の聖餐台は大きくて、フットボール選手が四人がかりで動かさねばなりません。

教会堂はどこでも同じ方向を向いています。東向きに建てるという習慣がいつの間にかできました。わたしたちのデューク大学チャペルも、実は北向きに建っているのですが、それでも東向きに建ててあると称しています。

礼拝はわたしたちに「位置」を与えてくれます。故郷を離れてきた学生であれば、もう一度このチャペルが、信頼できる親しい者たちに抱きとめてもらえる場所となります。わたしたちの生活では、あらゆるものが遮断され、ばらばらになることがあるかもしれません。そんなふうに思うとき、日曜の教会に来れば、すべてのものが再び結び合わされます。故郷に残してきたものすべてが、そのままここに再現され、快適で、再び確信を与え、過去へと結びつくように思わせてくれます。

それゆえ日曜日は、告白し（「我は天地の造り主、全能の父なる神を信ず……」）、確認し（「この世はみな神の世界。あめつちすべてが歌い交わす」（『讃美歌21』361番））、また、大いなる行進の中に、永遠の真理を秩序づける日なのです。

教会の調度品は一般に、重くて、ボルトで留められ、固定され、動かないようにされています。チャペルの中に入れば守るべきルールがあります。たとえば、もしここで結婚式をあげた夫婦なら、結婚式の式文で宣言された言葉にもあったように、「そのまま」であるべきであるとされます。引っ越し、模様替え、位置の変更は、ここでは許されていません。

しかし、われわれが告白し、確認し、秩序づけ、位置づけに忙しくしているとき、時として混乱を生じさせる「介入」が起こる場合があります。日曜日の定期的な礼拝が、窮屈な決まりごとの連続になってしまい、現実世界が定義することを繰り返し唱えるだけの礼拝となり、礼拝式が世間的な制度の具現にすぎなくなっているならば、混乱を生じさせる神の介入が起こることもあります。

そのような事態が、今日与えられた預言者アモスの言葉の背後にあります。本日の礼拝では、いつものように、わたしたち自身の思いを確認することから始まりました。わたしたちは、礼拝に何を期待しているのだろうか、と。それでは、今、神は何を期待しておられるのでしょう？　神はどんな礼拝を「よい」礼拝と考えておられるのでしょうか？

「災いだ、主の日を待ち望む者は！」。なぜお前たちは神に近づき、主と共にその日を祝おうとするのか？「それは闇であって、光ではない」。神のもとに来るのは、獅子から逃れるためだったのに、ところが、待ち構えていた熊につかまってしまう。安全を求めて自宅に逃げ帰ってきたら、そこでガラガラヘビに嚙まれてしまう。そこは闇であって、光ではないのです。

アモスは「主の日」について語っています。期待され、望まれてきた日、ついに神が天から降りて来て、神の民と共にいてくださる日です。神の存在が、どこか高いところ、遠いところ、離れたところでなくなる日、神がわたしたちのところにおられる日です。

「マラナ・タ」という祈りの言葉があります。「主よ、来てください」という意味です。キリスト者の祈りの中で、おそらくもっとも初期のものでしょう。来てください、主の日よ。来てください、わたしたちと共にいてください。

「その日を待っているというのか?」、アモスは問うのです。よく聞きなさい。その日は暗闇であって、輝きではない。熊であり、毒蛇である。

それから、さらに、アモスは恐ろしい言葉を神から聞くのです。多分、聖書の中でも、もっとも恐るべき言葉、人々をかき乱す言葉です。「わたしはお前たちの祭りを憎み、退ける。厳粛な集会を喜ばない」。祭壇に献げ物を持ってくるというのか?「わたしはそれらを受け入れない。……それらを顧みない。お前たちの騒がしい歌をわたしから遠ざけよ、パイプオルガンの音《ね》をわたしは聞かない」

神は言われます。お前たちの礼拝はわたしの癇にさわると。献げ物の香りも、立ちのぼる香の匂いも、胸が悪くなるだけだ。混声合唱のハーモニーもわたしの耳を傷つけるだけだ。みな取り去れ!

勝手に歌うがよい、と神は言われます――そのような音楽はわたしの心に響かない。説教も勝手にせよ、祈りもせよ――わたしは聞かない、と。

神が望まれるのは何でしょう? 神にとって「よい」礼拝とは何でしょう?「主の日」をふさわしく祝うには何をしたらよいのでしょう?

この言葉をご存じでしょう。「正義を洪水のように/恵みの業を大河のように/尽きることなく流れさせよ」

いろいろな神々があり、いろいろな宗教があるだろう。その神々や宗教の礼拝は、太鼓を叩き、鈴を鳴らし、香を焚き、仰々しい祈りを繰り返すだけでよいかもしれない。しかしイスラエルの信仰は違う。イスラエルの神はそんな神々のひとりではないのです。

日曜の朝の礼拝でわたしが好きなことをご存じですか？　ヘンデル作曲の喜びに満ちた合唱。パイプオルガンが奏でる、パーセル作曲の澄み渡ったトランペット管の響き。銀の十字架を高くかかげ、堂々と会衆席通路を進む行進を見ること。ジャケットを着用しネクタイを締めて会集席の二列目に並んで座る、慎み深く熱心な大学二年生たち。わたしの好みはこのようなことです。

「主の日にわたしが好きなことを知っているか？」、主は言われます。「正義をナイアガラの滝のように流れさせよ。恵みの業をミシシッピ川のように、尽きることなく流れさせよ。それこそはわたしの好むことだ」、と主は言われるのです。

出エジプトのとき、モーセはエジプトの王ファラオのもとに遣わされてこう言います。「われわれヘブライ人の奴隷に数日の休みをください。荒れ野に出て行ってわたしたちの神に礼拝をささげたいのです」

「お前たちは、ここエジプトでいくらでもお前たちの神を拝むがいい」とファラオが答えます。モーセは嘆願を続けます。「わたしたちが神を拝めるように、出かけさせてください」。ファラオは拒否し続けます。一〇の災いが起こり、あとになるほど災いの度は増していきます。とうとうファラオは言います。「しかたがない。ヘブライ人どもめ。ここから出て行き、もう振り返るな。エジプト以外のどこにでも行ってしまえ」

ついに彼らは自由に礼拝できるようになりました。砂漠に出ていき、自由を与えられ、すぐにでも神を礼拝できます。だが、どうやって？　誰もこれまで、この神を礼拝した経験がありません。あったとしても、ずっと昔のことでした。どうやって礼拝するか覚えている人はありませんでした。どこかに礼拝指示書はないものか？　讃美歌集を持っている人はいないものか？

そこで、神はモーセを山の上に連れて行きます。人々は麓で礼拝指示を待っています。「わたしは主、あなたの神、あなたをエジプトの国から導き出した神である」、と神がチャールトン・ヘストンのような声でおっしゃいます。「このわたしを礼拝させるために」

「はい、はい」とモーセは答えます。「でも、その礼拝はどうやったらいいのでしょう？　あなたはゴスペル・ミュージックがお好きですか、それとも、グレゴリオ聖歌ですか？　聖書は欽定訳ですか、改訂標準訳（RSV）の改訂訳ですか？」

「よく知っているはずだ、わたしの好むところは」と主は言われます。「わたしの好む礼拝は、わたしの他に何者をも神としない礼拝だ。お前たちが他人を殺さない礼拝だ。盗みをしない礼拝だ。姦淫をしない礼拝だ。日曜日に持つべき良き時とはこのようなものだ。倫理と礼拝がひとつに結びついたものだ」。モーセは、知りました。この神を礼拝するというのは、何と面倒なことか！

わたしたちが日曜日に期待するのは、「安定」した時間です。わたしたちの教職者が、現実世界を伝統的な判断によって管理することを期待します。わたしたちの典礼が、教会という体制の現出した形であることを求めます。玉座には王が座し、われわれは固定された会衆席に、行儀よく座っていることを望みます。日曜日に期待されるのは、よく分かっていて、慣れ親しんでいる世界が永遠に続くことです。

だがしかし、ここに神の言葉が降りてきます。当然視された、固定的な、王権的な世の中に対する、破壊的な、預言者的な言葉、言葉による攻撃です。アモスの同時代の人々が望んでいた「主の日」とは、世の現状がそのまま続くような主の日でした。今の社会の序列は神が定めているもの、社会的、政治的、経済的な配置は、神の御心によるものとされるのです。

「いや、違う」、とアモスは言います。その発言は正当化されている現行の秩序に強烈な打撃を与えるものです。「違う。主の日には、この世界が終わるのだ」。郵便局や市役所の御影石の壁が、そしてみなさんの礼拝堂の壁までもが、神の息の一吹きで崩れ去ってしまう。それがお前たちの主の日である。このような、世の終わりを宣言する預言者的な発言を、体制派や国家権力は容認することはできません。リベラルでアカデミックな信仰は、現体制にしっくりと整合してきており、体制に対してほんのちょっぴり批判的であるだけでやってきたものですから、世の終わりを訴える黙示的な言葉を日曜日から追い出してしまいます。というのも、もしもアモスという名の預言者やイエスという名の預言者が立ち上がって世の終わりを宣言したら、まさに現状の秩序をぶちこわしてしまうからです。古い世の終わりは、新しい世を導き出します。終結は開始を導くのです。

「わたしはお前たちの祭りを憎み、退ける。……お前たちの騒がしい歌をわたしから遠ざけよ。……正義を洪水のように／恵みの業を大河のように／尽きることなく流れさせよ」。主よ、わたしどもの礼拝をどう思っておられるのでしょうか？

ダーラム・ブルズ〔デューク大学のあるノースカロライナ州ダーラムに本拠地をおくマイナーリーグの野球チーム〕の試合を見に行った夕方のほうが、このデュークのチャペルに来た日曜の朝よりも、もっと人種的、文化的な一体感を得られるのです。

今日の聖句に現れており、今われわれが手にしているのは、言語による預言者的な体制批判です。現代の権力構造に対する詩による攻撃です。しかし、われわれは預言者を歓迎しません。われわれが歓迎するのは、われわれの統一意思を自由に経営管理してくれる政治家たちです。われわれのよく知っている世界をそのまま保持できるようにと、日曜になると祭壇の周りで動きまわっている神殿の働き人たちです。われわれに現体制が永遠に安定していると保証してくれるものたちです。「神、そらに知ろしめす。すべて世は事も無し」〔ロバート・ブラウニングの詩「春の朝」の一節〕よく知られ、固定された王国の世界を揺るがすのは、世の終わりを宣言する預言者の詩による言葉なのです。

数年前、わたしたちはウィル・キャンベルを迎えました。ご存じのとおり、辛辣に世を批判する、聡明な小説家、詩人であり、バプテスト派の牧師です。日曜の朝のことです。わたしたちは、チャペルに向かう森の中の小道を歩いておりました。わたしの好きな道です。鐘の音が響いていました。早朝の陽光がチャペルの塔の向こうで輝いていました。きらきらした美しい光景でした。わたしは誇らしく思い、多分この訪問者も感動してくれているだろうと考えました。彼はナッシュビルから来たからです。

木々が途切れると、壮麗なチャペルがわたしたちの前に姿を現しました。そのときキャンベルはこうつぶやいたのです。

「ふうむ。あの方は、ベツレヘムからこんなに遠く離れてしまったんだなあ」

説教の始まりの部分を聴いて、わたしも説教についての自分流の「偏見」を持ち出したくなりました。わたしの頭の中にも、礼拝についての見解でいっぱいの部屋があります。ですから、あの説教の始まりに、わたしはすぐに自分のことが刻み込まれているように感じました。たいへんユーモアに富んでいましたし、同時に、礼拝というものがどうなっているか、どうあるべきかについて、何らかのことを教えてくれています。さらにまた、あなたはそのことを通して、アモスの預言の大胆な批判を正しく受け取るための準備をみごとに行ってくれたと思います。わたしたちの教会の大きさ、美しさが、主の日の到来に対して、安心感を与える保証となっているという指摘をされましたが、その話の運び方は、実に効果的でした。

もうちょっとばかり強い発言を期待したかったことがひとつあります。わたしたちの礼拝はわたしたちの道徳的な姿によって左右されるという見解でしたが、もっとはっきり、礼拝とはわたしたちの道徳形成そのものであると発言してほしかったのです。「倫理と礼拝がひとつに結びついたもの」とあなたはおっしゃいました。しかし、この神がわたしたちに求められることを正しく理解するならば、典礼はすなわち道徳であり、道徳はすなわち典礼である、と言えます。あなたが言いたかったのも、多分このことでしょう。

この説教のコンテクストに欠けている論点は、アモスの預言に現れている「犠牲」です。この説教では次のような図式が描かれました。つまり、アモスの同時代の人々は、犠牲の献げ物によって神をなだめることができると考えていた。だから、適切な犠牲を献げるなら、道徳的には何をしてもいいのだ。よって、十戒によって提示された共同体のあるべき姿が、犠牲を献げる礼拝に比べて二次的なものとみなされてしまった。そこで、アモスは、当時の礼拝を批判することによって、道徳的な生活のほうが、犠牲を献げる生活よりも大切だと主張したのである。

この図式の難点は、アモスが一度も、犠牲は無効であるとは発言していない事実にあります。実際、キリスト者がこの点を見失ってしまうなら、イエスの生涯や、キリスト者の生き方を正しく理解することができなくなります。アモスが非難しているのは、犠牲を献げることが必要だとしていることに対してではありませんから。イスラエルを呼び出したような神であるならば、いったいどんな犠牲を求められるだろうかと問うているのです。キリストにおいて、犠牲が求められたのは、まさに神がご自身の命を犠牲として献げることを望んだからです。そのことによって、この世が献げてきた犠牲に代わる犠牲があることを、世が知るためでした。だからこそ、われわれの生活において、倫理と犠牲は分けることができず、一体の事柄なのです。

ことに、わたしたちは聖餐の民なのですから、この点を見失ってはなりません。わたしたちプロテスタントの間では、犠牲という言葉があまり使われなくなりました。怒りの神への供え物として犠牲を献げるという考え方をしたくないからでしょう。わたしたちは、わたしたちの神が怒りの神であるとは思いたくないので、犠牲を献げなければならないとは考えないのです。しかし、犠牲というものをこんなふうに矮小化するのならば、聖餐の祝いにおいてわたしたちは、世界がいのちを得るためにわたしたちが神の犠牲の一部分とならせていただいているという福音の真理を忘れることになります。わたしたちは今や、他のあらゆる犠牲のシステムを終結させる犠牲の羊になるのです。

一例として、戦争と犠牲の関係を考えてみましょう。戦争は殺人そのものなのだから、道徳的に正しいかどうかという議論がよく行われてきました。これに対し、戦争とは犠牲をささげる機会を提供するものであり、とりわけ、自分たちよりも大きな大義のために犠牲をささげる好機だと理解する議論がありました。そこで、女性と戦争の関係について不幸な誤解が生じたのです。女性が伝統的に戦争を支持してきたように見えるのは、その息子たちを大義のためにささげることが重要だと考えてきたせいでもあります。

聖餐においてわたしたち自身が犠牲の供え物となるという理解が、このような世俗的な犠牲のシステムに終止符を打つとわたしたちは考えます。だからこそ、聖餐における犠牲と共同体における道徳生活は切り離すことはできません。アモスは、イスラエルの礼拝が体制の維持に問いを突きつけるのではなく、その固定化に使われたから批判したのです。その点をあなたは見事に描写されました。

この説教の終わり方はすばらしいと思いました。ウィル・キャンベルの当意即妙な発言を使って、わたしたちのチャペルがベツレヘムからこんなにも遠く離れてしまっていると指摘しました。わたし自身も、こういう寸言を口にするのは大好きで、ときにはそういう発言が必要な場面もあります。ただ、こういう言葉を発するとき、ウィル・キャンベルにしてもわたしにしても、その発言に十分責任をとれるかどうかは分かりません。ご存じのように、わたしはヨーロッパ旅行から帰ってきたばかりです。ノートルダム大聖堂を訪れ、その建物の前で謙虚な思いに満たされてきたのです。石像やステンドグラスに神の福音が刻まれているのを見て、この建物は貧しい人たちのための建物だと実感しました。字を読めない人々にとって、神の物語を知るにはこの方法が一番だったと思いました。だから、デュークのチャペルを、犠牲を献げたい人たちが協力して建てたことは理解できると思うのです。ただ問題は、犠牲を献げる信仰をなくした人たちがこのチャペルの多数を占めたときにどうなるのかということです。

これらの問題はもっと複雑に絡みあっていると思いますが、どう取り組んでいくべきか、さだかではありません。

平安あれ
スタンリー

第8章 今

待降節第1主日
マルコによる福音書13章32―37節

それは、ちょうど、家を後に旅に出る人が、僕たちに仕事を割り当てて責任を持たせ、門番には目を覚ましているようにと、言いつけておくようなものだ。

この譬えはガリラヤ地方での話、不在地主がいる場所で、僕たちは何年にもわたって自分たちだけで留守をあずかります。「その時がいつなのか、あなたがたには分からない」とイエスは言われます。「それは、ちょうど、家を後にして旅に出る人が、僕たちに仕事を割り当てて責任を持たせておくようなものだ」

これは主人と僕、つまり雇用主と労働者、持っている人と持っていない人、持っていない人は持っている人のために働く、そのような人たちの譬えです。

わたしたちが誰に共感するか、みなさんお分かりでしょう。物語を聴くとき、わたしたちはいつも取るに足りない人物や、何も持たない者に味方します。わたしたちは旅に出たこの主人にではなく、僕たちに共感します。この主人はいったいどこへ出かけて行ったのでしょう？　時は十二月、だんだん日が短くなり、寒さの増す頃です。すっかり凍てついた冬の平原に風が吹きつける中、日を追うごとに、ますます遠く感じられる納屋まで歩き、家畜にえさを与えるのです。

「おまえたち、冬越えの仕事をしっかり頼む」と主人は言いました。「じゃあ行ってくるよ。パームビーチにいるから、ひと仕事終わったら、報告書を送ってくれ」

わたしたちがどちらの側にいるか、お分かりでしょう。この主人はウェストヴァージニアに鉱山を持ちながらマンハッタンで生活しているような人、安い労働力で香港の工場から利益をむさぼり、ロサンゼルスにあるプールでのんびりと過ごしているような人。僕に仕事を任せて、自分は旅行に出かけるような人なのです。

ガリラヤ地方には不在地主がたくさんいたに違いありません。というのは、イエスはよくこのような話をしていたのです。「忠実で賢い僕は、いったいだれであろうか。主人が帰って来たとき、言われたとおりにしているのを見られる僕は幸いである。……しかし、それが悪い僕で、主人は遅いと思い、仲間を殴り始め、酒飲みどもと一緒に食べたり飲んだりしているとする。もしそうなら、その僕の主人は予想しない日、思いがけない時に帰って来て、彼を厳しく罰し、偽善者たちと同じ目に遭わせる」（マタイ24・45―51）

こうも言われています。「天の国はまた次のようにたとえられる。ある人が旅行に出かけるとき、僕たちを呼んで、自分の財産を預けた。それぞれの力に応じて、一人には五タラントン、一人には二タラントン、もう一人には一タラントンを預けて旅に出かけた」（マタイ25・14―15）

また、このようなものもあります。「イエスは、たとえで彼らに話し始められた。『ある人がぶどう園を作り、垣を巡らし、搾り場を掘り、見張りのやぐらを立て、これを農夫たちに貸して旅に出た。……』」（マルコ12・1）

ガリラヤ周辺では、人々の頻繁な出入りがあり、そこに常駐したり不在だったりということがあったのです。

主人の不在は、僕の真価が現れる時です。

「さあ、みなさん、わたしは、『マレーシアにおけるゴム栽培』のスライド映写用の三叉コンセントを取りに、下の校長室へ行ってきます。今から廊下に出ますけれど、教室の戸は開けておきますよ。みなさんに何かあったら、廊下の向かいにいるモファット先生に聞こえるでしょうからね。あなたたちのことを信頼したいと思っていますし、どうかその信頼に応えてくださいね。では、行ってきます。

あなたたちのことで何か聞かされなければいいのですけれどね……」

不在とはテストされる時。そして、帰って来ると清算が行われます。「ジョニー、わたしの机の上で何をしていたの？」。主人の不在というイエスの話は、テストされるという話なのです。そして、主人がいるときだけしか信頼できない僕は、役に立たない僕ということになります。

今日からアドベントが始まります。アドベントは、救い主の到来に備える時です。ベツレヘムの赤ん坊そのものが神の臨在であり、インマヌエル、神がわたしたちと共におられることなのです。

わたしたちはその臨在を待ち望んでいます。「久しく待ちにし　イェスよ、来たりて」〔『讃美歌21』235番〕、「久しく待ちにし　救いの主来たり……」〔『讃美歌21』231番〕、これらはアドベントの讃美歌です。「あなたの僕たちのために、帰ってきてください」と嘆願するイザヤ書の言葉が、今日の第一朗読日課でした。「どうか、天を裂いて降ってください。御前に山々が揺れ動くように。……あなたの御名が敵に示されれば／国々は御前に震える」（イザヤ書63・19、64・1）

預言者は神の臨在を嘆願しています。神が天を裂き、わたしたちの間に降り立ってくださり、否定しようのない臨在を示してくださるなら、信仰深くあることはどんなにたやすくなることでしょうか。だから続いて言われています。「わたしたちは皆、汚れた者となり／正しい業もすべて汚れた着物のようになった。わたしたちは皆、枯れ葉のようになり／わたしたちの悪は……わたしたちを運び去った。あなたの御名を呼ぶ者はなくなり……」と、イザヤは嘆きます。なぜでしょう？「あなたはわたしたちから御顔を隠し」たからです。

不在は、不誠実を生み出します。主人が旅に出かける時はテストされる時であり、わたしたちはよく落第してしまうのです。久しく待ちにし、イェスよ、来たりて。

今日の不在地主の譬え話は、不在についての物語です。そこにわたしたちの傍らに立っている人は誰もなく、わたしたちを肩越しにのぞき込む人もいない乾いた土地の物語です。あまりにもギャップがある不在の時間が続く中で、主人が不在で、素行の悪い者の名簿を作る人もおらず、組立工程ラインを歩いて監督する人もなく、息を切らせて事務所に駆け込んで「ジョーンズ先生、教室に戻ったほうがいいですよ！」と警告するモファット先生もいないときに、トラブルは生じるのです。

わたしが思うに、この不在の問題について、新約聖書の多くの箇所が関心を寄せています。肉体をもって、イエスがわたしたちと共におられたときは、それでよかったのです。わたしたちはイエスご自身の声を聴くことができました。「立て、さあ行こう」、「恐れるな！」。そこにはいつも、癒しの御手、心強い言葉、導きの光を期待できました。しかし、その間、つまり不在の間、最初の来臨と再臨との間の谷間で、わたしたちはどうしたらよいのでしょう？

これはヨハネ福音書の後半の三分の二が問う、大きな問題なのではないでしょうか？　弟子たちはいつも、いつも尋ねるのです。「主よ、あなたはどこへいらっしゃるのですか？　わたしたちも行っていいですか？　あなたがいない間、誰がわたしたちと一緒にいてくれるのですか？」

マルコはこの箇所で、同じ問題と格闘しています。「それは、ちょうど、家を後に旅に出る人のようだ。彼らは僕たちに仕事を割り当てて責任を持たせ……」

わたしたちはアドベントのために祈り、わたしたちの間に主イエスが臨在されることを祈ります。主の晩餐、聖餐式で、わたしたちはパンとワインの中に、わたしたちが分かち合う食物と飲み物の中に、キリストの「まことなる臨在」を宣言します。今日の譬え話は、わたしたちが臨在について多くを語るのは、あまりにも不在が長いからだということを示しているのです。主イエスの最初の来臨から再臨までの間、わたしたちは主イエスと共に過ごしたことはまったくありません。知っているのは、不在の時だけなのです。不在。わたしたちは祈り、読み、聴き、飲み、食べます。それでも、あの預言者の言葉にぴったり添うものが心に浮かんでくるのです。「あなたはわたしたちから御顔を隠したのだ」

この礼拝で、このチャペルにおいて、あなたは神が近くおられることを感じるかもしれません。天がビリビリに破けるということはないとしても、少なくともわずかに開いて、その間から一筋の光が差し込むのを見つめ、確信が与えられるかのように感じるかもしれません。

けれども、あなたは間もなくこの場から離れなければなりません。オフィスに戻り、試験の日々に戻り、寮へ戻り、台所へ戻るのです。そこでの祈りは、この場ほどたやすくは出てこないでしょう。神を求める飢えは、一時的にチャペルで和らげられますが、また湧き上がってくるでしょう。そして、月曜日にはこう祈るのでしょう。「あなたはわたしたちから御顔を隠したのだ」

イエスはわたしたちに警告なさいました。「それは、ちょうど、家を後に旅に出る人が、僕たちに仕事を割り当てて責任を持たせ……るようなものだ」

お聞きになりましたか？　いなくなる（「家を後にして旅に出る」）と聞いて受けたショックの中で、それでも、「僕たちに仕事を割り当てて責任を持たせる」ということを聞きましたか？

これは不在の譬え話で、家を離れて旅に出る主人の話です。そしてこの話を聴いていると、わたしたちは、ここではそのことだけが語られているのだ、と思いがちです。不在ということを。しかし、この話はまた、中間の時を語るメッセージでもあります。そこでわたしたちはどう生きていけばよいのでしょう？　主人が出かけていく。そう、そのとおり、わたしたちはよく知っています。もう二〇〇〇年近くも、ずっと知っているのです。しかし、ここにはわたしたちが分かっていないかもしれないことがあります。それは、主人が「その僕たちに責任を持たせ、彼ら自身の仕事を与える」ということです。

ジョーンズ先生が机の間を行ったり来たりしなければ勉強しないクラスは、だめなクラスです。主人がいるときにしか信用されない僕は、だめな僕です。救い主がわたしたちの傍らにいてくださるときにしか生き生きしていない信仰は、だめな信仰です。「神よ、来てください。あなたの世界に事をなしてください」という祈り以外の祈りを知らない敬虔さでは、だめなのです。どこにでもおられる神にじっと見られていることを恐れるがゆえにだけ、良い行いをするなら、それはだめなのです。

神の臨在は決定的です。主人の帰宅は、それがいつであるにしても、それは清算の時であり、裁きの時です。神の臨在を賛美し、祈り、楽しみ続けることは、わたしたちにとってふさわしいことなのです。日曜日のこの祭壇にあるパンとワインの中にも、あるいは月曜日にコーヒーを飲み、コーンフレークを食べているときにも。キリストの最初の来臨を経験したわたしたちは、つま先立ちになって次の来臨を待ち望みます。

だからと言って、中間時の何かが変わるのではありません。わたしたちは中間時に生きていくしかないのですから。主人がわたしたちと共にいようといるまいと。ダーラムにいようと、それとも天国にいて不在であっても。ガリラヤでわたしたちと一緒にいようと、あるいはパームビーチにいてわたしたちと一緒ではなかろうとも、主人は僕たちそれぞれに仕事を割り当てて、責任を持たせておられます。だから、目を覚ましていなさい。いつ主人が帰ってくるのか、あなたには分からないのです――それが夕方か、真夜中か、あなたが手を開いて祭壇で聖餐のパンを受けているその時なのか、明日の朝にオフィスにいる時なのか。

神の国、わたしたちの世界の中にある神の臨在とは、不在であるということ、つらく空虚な不在ということだけではありません。それは、わたしたちに仕事が与えられ信頼されているということでもあります。果たすべき責任、生きるべき生活、養育すべき子ども、取り組むべき試験、集うべき授業、語るべき言葉、なすべき祈り、与えるべきパン、なされるべき行いということでもあるのです。主人は、まずわたしたちと共にいてくださり、わたしたちを僕とし、責任を与え、それぞれに仕事を割り当て、そして、ご自分が帰ってくるまでそれをし続けるようにとお命じになりました。主人がいつ帰ってくるのか、いつわたしたちをテストなさるのか、いつ清算をなさるのか、それはわたしたちには分かりません。「その日、その時は、だれも知らない。天使たちも子も知らない」（マルコ13・32）

わたしたちが知っているのは、今、神の国はある、ということだけです。臨在を求めるわたしたちの祈りが答えられるまで、待っている必要はないのです。そして、「久しく待ちにし、イエスよ、来たりて」とは、アドベントの祈りではなく、現在の事実なのです。すでに、そして今。彼は僕たちに責任を与え、わたしたちそれぞれに仕事を割り当てられました。神の国とは、僕たちの群れに委ねられた働きなのです。まさに今！

（バーナード・ブランドン・スコットの著書 *Hear Then the Parable*［Minneapolis: Fortress Press, 1989, pp.205-216］から、この譬え話についての釈義的洞察を受けたことを感謝する）

親愛なるウィル

「今」を聴いたとき、わたしは非常にこの説教に惹かれました。しかし、いくつかの理由で、原稿を読む機会を得るまで、レスポンスをしないようにしたかったのです。この説教は、そこで用いられているイメージの種類やその相互関係ゆえに複雑に感じられ、原稿を読むべき種類の説教であると強く思われたからです。待っていてよかったと思います。というのは、何回も読みましたが、わたしはこの説教に非常に心動かされ続けているのです。それでも、わたし自身が何に引っかかっていたのかが分かり始めています。

まず、この説教の基本的な戦略は、マルコによる福音書の小黙示録にある、終末論的緊張を人々に自分のこととして考えさせることにあると思います。あなたがこのテクストをマルコ福音書13章の黙示的警告の中に位置づけなかったのは、おそらく失敗だったと思います。実際には、マルコ福音書13章の残りの部分にある非常にドラマティックで豊かなイメージを取り除いた譬え話として、あなたはこのテクストを扱ってしまいました。それは重大なことだと思います。このテクストが、あなたが説教の始まりで取り上げてみせたコンテクストとはまったく異なるサブテクストにおいて機能することを、あなたは示す必要があるからです。

ひとつの例を挙げるなら、説教を語り始めたテクストにおいて、聴き手に自分と僕たちを同一視させようとする方法は非常におもしろいものです。それゆえ、最初にあなたは、わたしたちが小さな者、何も持たない者であることを理解させようとしています。そのようにわたしたちは、弱者に同化するアメリカ的な物語として、このテクストを読んでいるのです。しかし、そのことがこの説教の主要なテーマとなることは許されるだろうかと、疑問に思います。イエスがもたらす終末論的な時とは、当然、アメリカ人の大部分が想像する弱者の物語の時間とは、まったく異なるものです。

しかし、あなたは弱者のテーマを上手に立ち消えにさせながら、新約聖書全体が不在の問題を扱っていると示唆しています。説教を聴いたときに、それはわたしを強く打ったテーマでしたし、そのことをもっと語ってほしかったと思います。もしそうしていたなら、わたしたちの生は新約聖書の終末論的テーマによって、特にその黙示的な響きによって、別の物語の観点から捉え直されることになるのだと、わたしたち聴衆が理解する助けとなっていたでしょう。それは、わたしたちが通常形づくっている、というよりも、わたしたちを形づくっている物語とは異なる物語です。

しかし、そうする価値があるのに、あなたはそのテーマを力強く展開させることはありませんでした。わたしたちはイエスの不在の時間しか知らない、それゆえにキリスト者としてわたしたちは常にアドベントの時を生きているという、ある種の感覚があることをあなたは指摘しました。それでも、わたしたちキリスト者が生きているのは、いったいどのようなたぐいの「不在」であるのか、ということについては、十分に強調されていなかったと思います。たとえば、あなたが展開させる可能性があったもののひとつは、わたしたちが以前には知ることのなかった不在を、イエスの臨在がどのようにもたらしているのか、ということです。わたしたちが聖餐においてイエスと共に食べ、飲む、まさにそのときに、そこにイエスが臨在されることを見出すことのできる分だけ、わたしたちの生活の他の部分に、その臨在を見出すことのできないことがどれだけの痛みであるのかも知るのです。

ある人々が大きな影響を与えてくれたために、その人々の特殊性がなければ知らなかったはずの不在の感覚が生み出されることは、誰もが経験することですが、あなたは説教でそうした経験を展開させることもできたでしょう。たとえば、年長者との友人関係がわたしにとってどれだけ意味を持つものかということを、わたしはよく考えます。その友人が年齢を重ねていくことを見ていると、彼が死ぬときには穴埋めできないような不在が生じるだろうと思うのです。彼の存在なしにわたしは生きようとはしないでしょうし、ある意味、彼の死がもたらす不在を喜びもするでしょう。なぜなら、その不在は彼の臨在を喜ぶことの、もう一つの側面なのです。そのことによって、それまでとは異なった時が造り出されますが、わたしは常にその時の中を生きるようになるのです。

あなたがこの説教で造り出すべきだったことは、このような臨在と不在なのです。イエスは復活によって退き、もはやわたしたちのもとに現れない、と言っているのではありません。イエスがわたしたちの間で生み出してくださった臨在は、わたしたちが絶え間なく喜ぶ臨在であり、それはわたしたちがそれなしでは生きることのできないような不在をもたらしてくれるのです。

説教でこのような弁証を展開させることは極めて重要です。さもないと、わたしたちの生活をがんじがらめにしている理神論的前提を強化することになってしまいます。わたしたちの多くは、神とはせいぜいすべての始まりであるものの名前であるとか、その全体は不在なのだが、ある種の人々の力強い人生に顔をのぞかせてくれる程度のものだ、というようにしか信じていません。わたしたちは当面、自分たちの働きを通して、その不在を埋めなければならないというのです。あなたが説教の中で用いた、僕へのテストという言葉全体は（あなたが次のような言外の意味を入れないようにしていたことは分かりますが）、道徳的な自己努力に裏書きを与えかねないものです。それが、そこで生み出される不在が非常に重要だという理由です。なぜなら、そこはイエスが臨在されていることを具現化している場であるからです。

人々が終末論とは何なのかをよりよく理解できるようにと、みんなに共通した経験を引き出そうとする弁証学の務めの中に、あなたがはまり込んでしまったことが、ここにも見てとれます。しかし、そのプロセスの中で、福音の本質とは背反する「時」の感覚に、あなたは裏書きを与えようとしています。ここで中心にあるのは、神の国における「時」であって、時間一般のことではありません。福音が何よりもイエスの不在を扱っているとするなら、そのことこそが臨在なのであり、それが弟子たちが発見し、わたしたちもまた発見し続けていることなのです。

テストというメタファーは、終末論的緊張感を表現するものとして不適切だと言いたくはないのですが、この説教の中でふさわしく展開されていないように思います。わたしたちが直面しているテストは、正解あるいは不正解という返事がかえってくるような問題ではないのです。それよりも、正解あるいは不正解という答えのない冒険に参加するよう招かれたことから来るようなテストと似ています。そのように、わたしたちそれぞれは実に特殊な働きのために召されています、つまり神の国のテストの一部に。もう一度言いますが、このような説教が機能するためには、説教の冒頭から終末論に焦点を絞らなければならない、とわたしは思います。

他の例として、あなたが「その僕たちに責任をもたせ」というフレーズを「その僕たちに責任をもたせ、それぞれに彼ら自身の仕事を与えた」と変えているのに気づきました。興味深いことに、テクスト本文はそのようには言っていません。たしかに、僕たちそれぞれが誰の仕事をしていたかは、テクストの中では非常にあいまいです。あなたはタラントンの譬えに即して、この本文を解釈しているのではないかと考えますが、それがふさわしいとは思えないのです。これは僕の個人的な仕事でなく、わたしたちそれぞれが取り組むように言い付けられている、主人の仕事なのではないでしょうか。わたしたちは家畜の世話や銀行員として召されているというのではなく、むしろ神の国によく仕えるようにと召されているということなのです。わたしたちの小さな仕事が御国をもたらすということではなく、イエスの生に、死に、復活に御国は臨在しており、今やすべての時は、わたしたちが御国の働きを担う時間へと変えられたのです。

神の国は今や僕たちの群れに委ねられている、という説教の終わり方は、非常に好きです。それはまったく正しいのですが、わたしたちが行っている働きにおいて、僕として生きることにいったいどのような意味があるのかを、もっと示す必要があったのではないでしょうか。御国の働きは、互いに愛することを通して生じるものです。激しい暴力と不公正の世界のただ中でそのような愛は、神がこの驚くべき御国をお始めになったことによって可能になったのであり、これらの小さなことどもを行うことに時間をかけることができるようになったのです。

最後に、わたしはこの説教を批評できたかどうか、分かりません。これは耳に残る説教であり、そのことがこの説教の力を語っています。ここで用いているような実例が絶対的に重要であることを思い起こさせるような説教です。いかにして臨在は不在を生じさせるかについてのわたしの例話と、あなたの教師の例話をわたしが置き換えていますが、リンドベックの言葉で言えば、それもまだある種の「経験—表出」主義者的な方法であると、自分では理解しています。その意味では、非弁証学的なものとなっていないのです。しかし、福音の中に具体化されている物語が、別な方法ではできないような経験を明らかにしているかを、別な展開の仕方で示そうとしていることはたしかです。もちろん、それこそがこの説教の試みていることでありますし、だからこそ、説教が用いている例証に注意を傾けることが非常に重要であるとわたしは思います。

平安あれ
スタンリー

第9章

さらにもっと

待降節第3主日
イザヤ書61章1―4、8―11節

主はわたしに油を注ぎ
主なる神の霊がわたしをとらえた。
……貧しい人に良い知らせを伝えさせるために。
打ち砕かれた心を包み
捕らわれ人には自由を
つながれている人には解放を告知させるために。
主が恵みをお与えになる年……を告知して……
彼らはとこしえの廃虚を建て直し
古い荒廃の跡を興す。……
主なる神はすべての民の前で
恵みと栄誉を芽生えさせてくださる。

人生は、わたしたちが目にできるところよりも、さらにもっと大きなものです。わたしたちの過去には、歴史が語りうるよりさらにもっと多くのことがあります。今この瞬間に、わたしたちが知るよりも、さらにもっとたくさんのことが進行しています。わたしたちが互いに持っている関わりは、わたしたちが気づいているよりも、さらにもっと深いのです。そして、わたしたちが、自分自身の謎を探求すればするほど、わたしたち自身は、さらにもっと謎に満ちたものとなります。表面に現れたものので、わたしたちが満足できたことなどほとんどありません。わたしたちは、さらにもっとそれ以上のことがあるのを知っているのです。わたしたちは、今この瞬間に完全に心安んじた気持ちになったということなどほとんどなく、たとえどんなにわたしたちの現在が満たされていても、さらにもっと今を超えたものがあることを、たとえ不完全にではあれ感じるのです。（ウィルフレッド・キャントウェル・スミス「象徴主義としての宗教」[“Religion as Symbolism,” *The Encyclopaedia Britannica*, 15th ed., vol.1, 1987, p.299] を見よ。）

わたしたちは、放っておくと、還元主義に傾きます。この大学という社会において、わたしたちは将来性を探求し、知られていないことについての認識力を豊かにし、驚きの思いを養うべきです。それなのに、悲しいかな、わたしたちは、放っておくと、宇宙を元素の周期表に還元してしまいます。わたしたちは人類の歴史を、南北戦争の六つの原因、世界大恐慌が起こった主な理由、十八世紀を説明する三〇の、真実な、あるいは偽りの陳述に還元することによって、それを説明しようとします。わたしたちにおいてよりよいとき、現代の分析的なるものが永遠の詩的なるものに道を譲るとき、さらにもっと大いなることがあるとわたしたちは知るのです。

人生がテクニックや必ず成功するための六つの簡単なステップに還元され、解決されるべき一連の問題へと平板化されるとき、わたしたちは、現実の痛みにも真実の喜びにも無感覚になり、麻痺させられてしまいます。期待することもなく、自分のいる檻に自分の体を合わせるのです。しかし、時折、誰かが首尾よく神経に触るようなことを言うと、わたしたちは不愉快にさせられ、少しぴくぴく引きつりながら、もっと先があるかもしれないと思うようになるのです。

このイザヤ書からとられた待降節のテクストの聴き手は、苦しんでいる人、心を打ち砕かれた人、捕らわれ人、獄に繋がれた人、嘆いている人です。つまり、今日このダーラムでアドベントの礼拝においでのみなさんです。これらの言葉が語りかけている人々は、時にかろうじて感じ、時に熱烈に燃え立たせる、「さらにもっと」という望みから、教会へやって来る人々です。この言葉がまた語りかけるのは（その人たちがそれらの言葉をどのようにして聴くことになるか、わたしたちには分からないのですけれども）、さらにもっと望むことを諦め、教会に来ることをやめてしまった人たちです。

イザヤが語るのは、こうです。神が介入して来られ、神がひとりの人に油を注いで行動を開始された。その行動は政治的です――捕らわれた人々の解放、破壊された諸都市のための償い、正義です。その介入は、詩の言葉によって告知されています。危険で（正確に言えば、支配階級にとって危険で）政治的な影響を持つ詩です。イザヤが告げる「主の年」とはヨベルの年、既成の政治的秩序によってわたしたちが順応させられていたもの、そのすべてがひっくり返され、正される時です。そのとき、荒れ果て、人通りも絶えたダーラムのダウンタウンが、大きなフェスティバル会場へと変わります。

　わたしたちがエジプトで奴隷であったとき、神が介入されました。わたしたちは思い起こします。わたしたちはエジプトであてがいのもので満足することを学ばせられました。（少なくとも、奴隷の身分でも、わたしたちの主人はきっちり日に三度の食事を与えてくれましたから。）しかし、神が介入して来られて、もっと大きなことへとわたしたちを導き出されたのです。再び介入していただかなければなりません。新しいいのちを可能にし、わたしたちの死へ向かう行進を止めるために、何らかの決定的な仕方で侵入していただかなければなりません。イスラエルの民と教会は、この介入を何とかして描き出そうとしているのです。出エジプト。ベツレヘム。ゴルゴタ。（ペンテコステの出来事が起こった）二階の部屋。空っぽの墓。介入がなされなければ、望みはありません。「さらにもっと」がないからです。しかし、感謝すべきかな、神がいてくださるのですから、心が打ち砕かれ、捕らわれ、獄に繋がれ、また嘆き悲しむ最悪の状況の中でも、常にさらにもっと大いなるものが備えられているのです。

イザヤは、現在の秩序を超える世界について語っています。灰に代えて、良き知らせ、自由、慰め、栄冠が与えられる世界を。これは聖書的黙示的であり、聖書は今をさらにもっと超えるものについて語るのです。それは、大胆で、詩的で、政治的なスピーチです。神がわたしたちの間に打ち開こうとしておられること、ベツレヘムやソウェト〔南アフリカの町。アパルトヘイト下の非白人居住区〕のような、土煙の舞い上がる、小さな、忘れ去られた場所において打ち開こうとしていることを言い表しながら、あらゆる境界を踏み越えていくスピーチなのです。イザヤの言葉は、支配的な社会の合理性という範囲の中にとどまることを拒絶します。全米学者協会の「欧米文学の正典」という常識によって限界づけられることを拒絶するのです。黙示的なスピーチは、打ち開くのです。

黙示的に歌うことをマリアに教えたのはイザヤでした。「わたしの魂は主をあがめ、わたしの霊は救い主である神を喜びたたえます。……主は……思い上がる者を打ち散らし、権力ある者をその座から引き降ろし、身分の低い者を高く上げ、飢えた人を良い物で満たし、富める者を空腹のまま追い返されます」（ルカ1・46b―53）

教会に来て、イザヤやマリアからのそのようなスピーチに触れると、わたしたちは、目新しさもない世界から、危険と賜物に満ちた別の世界の中へと招き寄せられます。そこに神の介入が起こって新しいいのちへの道が開かれ、飼いならされた期待はひっくり返され、生き生きとした信仰が呼び覚まされます。危険に満ちた希望は大胆な抵抗へと突き進みます。このような「さらにもっと」を告げる言葉を聴いた人々を従順にさせることは、もはや不可能です。

テレビのインタビューで、ソヴィエトの反体制のキリスト者たちのグループが、レポーターから、こう尋ねられました。「さて、あなたがたは何を望んでいるのですか？　なぜ、ソヴィエトのキリスト者たちは、ゴルバチョフが与えた新しい自由では満足できないのですか？　なぜ、ここであなたがたの批判を和らげて政府を支持しないのですか？」

ひとりの反体制のキリスト者が答えて、通訳が説明しました。「彼らは満足していないと言っています。自分たちは、さらにもっとを望んでいると言っています」

それ以下のものは、すべて罠かまやかしなのです。しかし、日曜日は、さらにもっと大いなることに召し出される日。単なるあのおなじみの「さらにもっと」ではありません。何かが必要だという漠然とした感覚は、たびたびわき起こってきてはわたしたちを苦しめ、わたしたちはその感覚を、ただ さらにもっと買うこと、集めること、得ること、与えること——特に一年のこの時期にはそうですが——によってなだめようとしますが、この感覚は預言者によって、神と神のご意志を手探りで求めようとする欲求としてはっきりと語られ、修正されます。わたしたちが望む「さらにもっと」には名前が与えられています。「主の恵みの年」という名を。神が、望んでおられるものを獲得なさる年、神が無から何かを、小さきものからさらにもっと大きなものを形づくり始めたときに、神が最初に御心のうちに描いておられたものに、この地がさらにもっとよく似たものとなるのです。

イザヤ、あるいはマリア、あるいは待降節の讃美歌のように、詩的で、黙示的で、預言者的なスピーチは、ただ世界を描き出すだけでなく、一つの世界を再創造し、造り出します。それは開かれた世界であり、古く、居心地のよい確かさは、すべてを新しくなさる神の到来《アドベント》によって打ち破られてしまいます。神が来られる世界においては、わたしたちは解放されて歩きまわります。そこでは、詩的な想像力がイデオロギーに襲撃をかけます。まだ形づくられてはおらず、思い浮かべることもなく、夢見ることもなかった新しい輪郭が、人生に今与えられたのです。

「主なる神の霊がわたしをとらえた。……貧しい人に良い知らせを伝えさせるために。……つながれている人には解放を告知させるために。……灰に代えて冠をかぶらせ……るために」

これは、イザヤの抗議、詩による抗議です。スローガン、道徳、五つの原理、バンパーに貼られるしゃれた言葉、一日一言、慣習に成り下がった信仰、分かりきっていることやとっくに知っていることの退屈な焼き直しでしかない信仰に対する抗議です。これは、さらにもっと大いなるものを探るよりも、目に見えるものに順応しようとする日曜日に対する抗議です。わたしたちは、確実だと思われるものをたしかめ、すでに知っていることと触れ合おうとして教会にやってきました。しかし、黙示的スピーチは、確実だと思われたものを越えて行きます。詩的で、黙示的で、霊が注がれた空間においては、可能性が必要性をひっくり返し、わたしたちが息をできるようにしてくれるのです。

そうして、わたしたちは教会を後にして前へと進むのです。家へと向かう車の中で、いつもと同じ口論が起こります。夕べの食卓の間中同じ緊張があります。憂鬱な月曜日も同じままです。しかし、今、わたしたちは、新しい世界、新しい希望、新しい可能性、新しい夢、何か他のものを求める新しい飢え渇きに気づいています——つまり、わたしたちは、もっと大いなるものに気づいているのです。自分たちが真理をどれほど縮小してしまっていたか、どれほど飼いならしてしまっていたかを見るのです。わたしたち、新しいぶどう酒を味わった者たちは、今やさらにもっと渇望するのです。

闇の国の王子がささやきます。「順応せよ、慣れろ」と。この王子は、世界を閉じられたものとして保ちたいのです。閉じられた世界は、管理しやすく、将来を持たない人々は想像力を持つ人々よりも操作しやすいからです。

わたしたちが集まる日曜日にも、この王子が支配するときがあります。何も新しいことが語られず、聴かれもしません。説教卓が、陳腐な言葉、心地よい決まり文句、格言、スローガンの場となり、それ以上の何ものでもなくなってしまいます。

しかし、時折、十二月の寒い日曜日に、わたしたちは地平線を越えて垣間見るのです。イザヤと共につま先立ちになり、さらにもっと大いなるものがあることを。現在の秩序への不満を新しくし、飢え渇いた思いで教会から家に帰る人々がいます。いつものクリスマスよりも、さらに大いなるものへの備えにとりかかる人々もいます。待降節《アドベント》は冒険《アドベンチャー》の時となります。そして、わたしたちは大胆にも、自分自身に対しても、さらにもっと大いなるものを願うのです。もっとこの世界のために、もっと他の人々のために、と。そして、イザヤは笑い、マリアは歌います。詩は散文に対抗しながら「その日」を伝えます。そして闇の国の王子は、少しばかりの領地を失い、その地のまことの主である御方のものとなったのを知るのです。主が新たに取り戻した領地、それがあなたであります。

「この世の国は、我らの主と、そのメシアのものとなった。主は世々限りなく統治される」

（黙示録11・15）

みなさんは、貧しいアパラチア地方の男性について記した新聞記事を読んだでしょうか？　数か月失業状態の炭鉱労働者で、自分の子どもたちが、裏のベランダでデパートの通販カタログをぱらぱらめくりながら、あれがほしい、これがほしいと見ているのを目撃したのです。彼は、かっとなって、子どもをつかまえ、足を叩き、カタログをびりびりに引き裂いて、庭に座り込んで泣きました。男は、子どもたちをとても愛していました。彼は、子どもたちがさらにもっと望んでいるのを見るのに耐えられなかったのです。

みなさんは、ユダヤの貧しい地域の若い女性について記した聖書の記事を読んだでしょうか？これから母になろうとする未婚の女性が、さらにもっと大いなるものを求めて歌っています。「わたしの魂は主をあがめ……ます。……力ある方が、わたしに偉大なことをなさいましたから。……主は……思い上がる者を打ち散らし、権力ある者をその座から引き降ろし、身分の低い者を高く上げ、飢えた人を良い物で満たし……ます」

親愛なるウィル

たしかに、あなたは、「さらにもっと」という説教を実にうまくやり遂げたと思います。あなたは本当に、終末論的・黙示的な言葉を、実存化することなく機能させました。正直なところ、説教の始めで、わたしたちの過去に、愛に、わたしたち自身に、さらにもっと大いなるものがあると常に考えるわたしたちの経験を指摘するとき、一種の実存化をしているように思えました。けれども、あなたがそれを説教の本文の中へと退かせたやり方が、そのような憧れの感覚を変化させたのだと思います。

あなたは、終末論的なものを、あなたが明らかに政治的な含蓄を示したほどには実存化しませんでした。

あなたが、大学の中にあるわたしたちに対して、いかにわたしたちが「さらにもっと」大いなるものに還元主義的な説明を提供しようとするものかを気づかせてくれた仕方がその例でしょう。あなたが言ったことは正しいと思います。さらに言えば、そのような還元主義的説明は、わたしたちが詩ではなく散文の共同体でありたいと思う限り、現代の大学のまさに中心にあるものです。もちろん、あなたが非常に見事に、散文の共同体として批判した機関にわたしたちは仕えているのです。

そこでわたしは、事実と価値の区別は認識論的な発展の結果ではなく、そのような区別を行うにふさわしい社会的な諸秩序をわれわれが手にしたからだという、『美徳なき時代』におけるマッキンタイアの指摘を思い起こしました。むしろ事実と価値の区別は、望みなき世界を管理したいと思う経営者たちや、わたしたちが専門家と呼ぶ、経営者たちに仕える人々と結びつけて考えられる新しい権力をもったエリートたちを正当化するために生み出されたのです。ですから、あなたが、いかに黙示的な話が危機の世界の中へとわたしたちを強いて招き入れるかということをわたしたちに思い起こさせてくれたこと、そして特にそのことを全米学者協会のいわゆる「正典」の範囲を狭める試みと結びつけたことはまったく正しいと思います。

ところで、わたしが特に力強く思ったのは、あなたが説教の中で使った、自分のいる檻に自分の体を合わせる、という言い回しです。あなたが指摘したように、それはまさしく、わたしたちが自分の状況を正しく診断するようにと、黙示的思想が与えてくれた一種の詩でした。また檻のイメージは、マックス・ウェーバーの『プロテスタンティズムの倫理と資本主義の精神』の最後にある驚くべき一節を、思い出させてくれました。そこでウェーバーは、いかに資本主義が込み入った仕方でそこからの出口がない鉄の檻を造り出さずにはいられないものなのか、そこから逃れる方法がさらなる檻を造ることにしかないからだ、と語っているのです。

それゆえ、あなたは見事に組み立てて、なぜ介入なしにはそのような檻から脱出する道がないのかを示しました。その上、そのような介入は、わたしたちキリスト者が神と呼ぶ、彼方から来なければならないのです。それであなたは、なぜ詩だけがそのような超越性に表現を与えることができる唯一の方法であるのかということと上手く関連づけながら、政治的なコンテクストにおいて、超越性の感覚をわたしたちの中から引き出して見せたのです。

この説教についてわたしが感心することの一つは——他のあなたの多くの説教においてもそうなのですが——あなたが釈義的な作業を、説教そのものの中で注目させることなく行ったやり方です。あなたがイザヤ書の聖書本文をヨベルの年と結びつけて考えたことはまったく正しいと思います。あなたはヨベルの年の概念に言及しても、それを説明しようとはしません。ただ、イスラエルが、少なくとも五〇年ごとに、過去の不正という見地から社会的な秩序をひっくり返すというヨベルの年の律法の下にあるゆえに、不正という過去の形によって決して制限されることがなかった、ということを思い出させるものとして引き合いに出しただけでした。もちろん、イスラエルの民は実際にはそんなことはできなかったという反対意見は常にありますが、それでも、彼らにはヨベルの年があったという事実は、すべてを違ったものにするのです。

この説教では、その全体が政治的なコンテクストから語られていましたが、特に、あなたがわたしたちに、神が介入して創造され、新しく取り戻された領地、それは「あなた」のことだと最後に気かせてくれたのは見事でした。わたしたちは今や闇の国の王子に対抗する神の武器となった者たちなのです。日曜日は、わたしたちを、さらにもっと大いなるものを――牢獄から出たあとでさえも――絶えず求める民とするために神が造ってくださった時だ、とあなたは言っていますが、まさにそのとおりだと思います。黙示的な言語はこの世界のことを語るためのものではなく、わたしたちにとって実存的に最も重大な経験を語るためのものでさえなく、世界を再創造するものなのだ、とあなたが強調したとき、日曜日についての主張は殊更に力強く訴えかけてくるように思われました。日曜日とはたしかにそのようなものであり、日曜日の創造を通して、わたしたちキリスト者は、自分たちがまったく新しい時の中を生きていることを知るのです。日曜日は危険なものなのです。

最後になりますが、わたしがこの説教で気に入っているのは、あなたがイザヤ書のテクストをマリアの賛歌（マニフィカート）と融合させた、その仕方です。このマリアの賛歌は、ひと度それを感傷的に扱ってしまうと、わたしたちの神の戦いの歌として人々が聴くようにさせることが難しいのです。あなたはそれを驚くべき仕方で行いました。特に、デパートの通販カタログを見ていた炭鉱労働者の子どもたちについての物語を用いたのはよかったと思います。わたしがその物語を使ったとすれば、それを説明したいという誘惑に陥っていたことでしょう。神に感謝すべきことにあなたはそうしませんでした。たとえば、あなたは、わたしたちの神は、わたしたちを愛するあまり、わたしたちがこの世の希望に捕らえられるくらいなら、わたしたちを死なせ、傷つけさえする方である、とは口にしませんでした。しかし、そのことのゆえに、マリアの歌は、「物事を片づけてしまうのに必要な」暴力よりほかにわたしたちに将来はない、と考える者たちの手にかかって死につつあるこの世界の想像力に立ち向かう、神の勝利として存在しているのです。イスラエルのあり方がわたしたちのもう一つの選択肢であるように、マリアもまた、わたしたちにもう一つの選択肢を与えてくれています。神は、危険を冒される神であり、信じるか否かによらず、わたしたちもまたその危険な道へと歩みを進めていきます。神がなさることは何と驚くべきものであることでしょう！

わたしは、ユードラ・ウェルティが、驚くべき短編小説のアイデアをどこから得るかということについて、ある記者に語ったコメントについて考えていました。彼女はこう言いました。「あら、わたしは『オックスフォード・タイムズ』を読んだだけなのよ」。彼女は新聞を取り上げ、その記者に見せました。「ほら！　第一面のちょうどここで言ってる。『日曜学校からの帰宅後に男が妻を殺害』。どうしてそんなことを思いつけたのかしら」。それは、わたしたちが想像力について考え、神がいったいどのように想像力を形づくろうとしておられるのかを、もう一度考え直さなければならないと思わせるものです。そのとき、ともすると、もしもわたしたちが力をもつことができたなら、いったいこの手でどのような世界を造ろうかと考え続けなければならないという、とんでもない考えをもってしまいます。神がすでに行われたことは、実に強烈な「事実」としてすでにわたしたちに与えられています。出エジプト、捕囚、十字架、復活、そして教会、というように。それなのにわたしたちは、まだ、これらのことこそわたしたちの想像力そのものである、ということを信じられずにいるのです。だから、わたしたちには、福音を実存化する必要はありません。わたしたちに必要なことは、このすばらしい説教においてあなたがしてくれたように、これらのことそのものにわたしたちが直面できるようにさせることなのです。

あなたは希望に満ちた説教をしてくれます。しかも、それが希望についての説教であるとは、決して表には出さない仕方で。

平安あれ
スタンリー

第10章 ここにおいて

待降節第4主日
ルカによる福音書2章1―20節

ヨセフもダビデの家に属し、その血筋であったので、ガリラヤの町ナザレから、ユダヤのベツレヘムというダビデの町へ上って行った。身ごもっていた、いいなずけのマリアと一緒に登録するためである。

日曜学校の成人科クラスでは、このクリスマスに何を行うかを議論しているところでした。グラディスは、このクラスが以前行っていたことを再開しようと提案しました。困っている家庭を一世帯選び、衣類や食べ物など必要なものを買ってクリスマスイブにそれを届けよう、と。

グラディス、それはいい考えだ、クリスマスに困っている家庭を選ぼう。『ダーラム・モーニング・ヘラルド』新聞にリストがあるよ。他の参加者は同意しました。

「ちょっと待って、グラディス」。参加者のマーサが言いました。「貧しい家庭への届け物は、まだフラフープが流行っていたときのことで、今はもう時代おくれよ。相手の自尊心を傷つけるし、効果もないわ。かつての成人科クラスの人たちは自分たちの罪悪感を軽減させているだけなのよ、年に一回、貧困地域へ行って、どこかの家族にちょっとしたことをして」

「そう、あなたには、いい考えがあるの？」。グラディスはぶっきらぼうに返します。

「貧困の組織的要因を調べて、社会全体の構造的変化のために働く必要があるわ。たった一世帯の貧しい家庭に食べ物をあげることなんかよりもね。根本原因、つまり組織的な原因を突きとめるのよ。教会が無視されているのは不思議なことではないわ。教会はいつも一世帯の隣人は愛しても、地域全体のことは忘れているのよ」

あなたは、どう思いますか？　成人科クラスの人たちは、クリスマスのチャリティの活動を広げるべきでしょうか？　わたしたちの多くを占める、教育され、啓発的であるタイプの人々は、マーサの意見をもっともだと感じます。この数十年間で、「チャリティ」という言葉はうす汚れた言葉になりました。わたしたちの大半は、一対一の関係、顔と顔を合わせて、困っている人に届け物をすることよりも、貧困を生み出す構造を変革することによって、キリスト者の関心事を、可能な限りできるだけ多くの人たちに広げるべきだと考えているのです。クリスマスの届け物のような善良な行為をなすことよりも、権利を求める闘いによって、貧困への適切な態度を示すことが重要なのです。

わたしたちの学生のひとりが教授に尋ねました。土曜日に、デュークにあるハビタット・フォー・ヒューマニティの施設に働きにいっていいかどうか、と。教授はこう答えました。

「わたしは、彼らのためには働きませんよ。なぜなら、ホームレスの問題が、一回につき一棟の家を建てることで解決するとは思いませんからね。もし本当にホームレスの問題に取り組もうと考えるなら、あなたはワシントンへ新しい議員を送り出すべきです」

どうでしょうか？　わたしたちはマーサのように、たくさんの気の毒な隣人たちのことは置いておき、より不幸な人々のために、より全体的で社会的広がりのある事柄に関心を向けるように教わっているのです。最大多数の最大幸福のための食糧援助です。大がかりで、一般的で、普遍的な。

しかしながら、クリスマスの物語は、決して、大がかりで、一般的で、普遍的ではありません。わたしたちが先ほど読んだルカ福音書による降誕物語は、決定的に小さくて、特定的で、固有なものです。人類全体のことではなく、キリニウス、ヨセフ、マリアという現実の人間、現実の名前を持った人の物語です。「昔々、ある遠いところに、王様がおりました」というような始め方をしていません。これはおとぎ話のやり方であって、聖書のやり方ではないのです。聖書は、このように始めます。

「そのころ、皇帝アウグストゥスから全領土の住民に、登録をせよとの勅令が出た。これは、キリニウスがシリア州の総督であったときに行われた最初の住民登録である。人々は皆、登録するためにおのおの自分の町へ旅立った。ヨセフもダビデの家に属し、その血筋であったので、ガリラヤの町ナザレから、ユダヤのベツレヘムというダビデの町へ上って行った」

どうです？　特定的、固有的です。「昔々……」でもなければ、永久、永遠でもありません。年代が特定できるのです。キリニウスはシリア州の総督でした。地図を開いて、マリアとヨセフの旅路を辿ることができます。ガリラヤ湖があって、ナザレ、ベツレヘム、というふうに。

おとぎ話は、誰にでもどこでもいつでも起こります。けれども聖書の物語はそうではないのです。

そして、この固有性、この限定性や特定性は、降誕物語のような聖書の記事だけの特徴ではありません。それは、キリスト教信仰そのものの中に組み入れられています。わたしには、教授をしている友人がいます。彼は、長期にわたって教会から遠ざかっていましたが、再び教会生活に戻りました。わたしは彼に、新しく関わるようになった教会活動はどんな具合かと聞きました。彼はこう答えました。「わたしは、教会の全体的な方針や、教会の目的やプログラムについては賛成しているよ。けれども、物語っていうのは好きにはなれないな」

「物語？」わたしは聞き返しました。

「そう、聖書の物語だよ。聖書は、非常に限定的で、あまりにも具体的に感じるんだ」

わたしが思うに、もしわたしたちが彼と同じように正直であるならば、キリスト教信仰についても同じようなことを感じることでしょう。信仰とは、キリニウスの時代、ベツレヘムへと向かったマリアとヨセフのような具体的な事柄の物語なのです。

わたしたちがクリスマスに好きなのは、受肉を弁舌爽やかに朗々と語るヨハネによる福音書です。「言は肉となって、わたしたちの間に宿られた。わたしたちはその栄光を見た。それは……恵みと真理とに満ちていた」（ヨハネ1・14）。どうですか？ キリニウスについてのごたごたした歴史的記述も、マリアも、ヨセフも出てきません。埃っぽい、混乱渦巻く田舎のベツレヘムなんかに回り道せずに、深遠なクリスマス気分に近づいていけます。

わたしたちは、まるで透き通ったリキュールであるかのような信仰を飲みたいと思いますが、それは、歴史と地理という固有性すべてを揮発させてしまったようなものです。わたしたちは、普遍的な永遠の真理やあらゆる時代の人間にあてはまるものに好奇心をそそられます。しかし、わたしたちは今、このクリスマスイブに、普遍的な人間の愛へと駆りたててくれるような説教を聴こうと期待していますが、わたしたちが受け取ることができるのは、皇帝アウグストゥスの支配の時代、マリアとヨセフという名のユダヤ人の夫婦によってなされた、取るに足りないナザレから田舎のベツレヘムへと辿る慌ただしい旅路の歩みだけなのです。

あの友人のようにわたしたちは信仰の全体的な方針は認めていますし、教会の目的については大まかに同意しています。しかしわたしたちにとって問題となるのは、あまりに具体的で固有な物語です。マーサのように、わたしたちが他者に関心があるのは、広い意味で、もっとも全体的な方法を通して、つまり投票所に立つときであって、彼らの家の玄関口に立って、缶詰やターキーが入ったバスケットを手にしているときではないのです。

しかし、もしわたしたちが、神が愛されるように愛そうとするならば、降誕物語のルカの記事から鑑みて、身もだえを伴うほどの固有性と特別性をもって愛することを、なんとかして学ばなければなりません。

聖書は「神は愛です」とは言いません——人間の時と場所の上空をゆらりゆらりと浮かび上がるかのような抽象的な表現によって描きはしないのです。神はイスラエルを愛し、神はマリアを選び、神はヨセフに語りかけ、神はイエスを愛され、神は教会を恥をもかえりみずに特殊なものとして呼び出された、と聖書は語ります。聖書が無時間的な一般性を語ることはほとんどありません。むしろより典型的な形として、今日のテクストのように神は固有の時間に、固有の場所において、特定の人々のもとを訪れる、と語るのです。それはこういうことを意味しています。固有の時間、そして、ベツレヘムのような固有の場所に住む、特定の人々こそが神にとって重要なのです。

神は人間の生活の中に、たゆみなく、情熱をもって固有な仕方で侵入してこられます。抽象的で、一般的な思想は（たとえそれがいくら高尚なものであったとしても）、わたしたちを捉えたり鼓舞する力になることはほとんどありません。生が営まれるのは、ただ固有で特定なるものにおいてだけなのです。そう、ここにおいて。

「わたしは、一般的見地から概観し、人間が希求する中でももっとも荘厳で善良なる模範となるべき方に、この花を捧げたい」

ナンセンスです。わたしたちが恋に落ちるとき、その愛がわたしたちを変え、あらゆる瞬間を占めるようになる理由の一つは、ほかならぬその人を愛するからです――彼女の歩き方や、彼女の好きな食べ物、彼女の名前の響きを。ジェイン。ジェ・イ・ン。彼女はジェインであることをやめる必要はないし、巨大で、灰色の「人類」と呼ぶようなものに紛れ込ませる必要もありません。もし彼女があなたにとってそのような存在であるならば、半分も愛おしく思わないでしょう。

神の愛は、親近性、特定性、固有性、そして偏愛性をもってわたしたちの時と場所に侵入してきます。昔々、あるところで、とある人たちのもとで、「言は肉となった」と言われているのではありません。ガリラヤ地方のナザレの町のユダヤ人であるマリアから、ベツレヘムでイエスと呼ばれる赤子が生まれた、ということなのです。そう、ここにおいて。

固有性・特定性に対する、そのような情熱的な神の激しさを目撃することは、神がいつでもわたしたちを愛しておられ、それゆえ、わたしたちが他者を同じように愛するようになさるための唯一の方法である可能性がある、と認識することです。神はベツレヘムのような場所で、マリアやヨセフのような人々から生まれることを厭う方ではないのですから、ダーラムのような場所に降りてこられて、わたしや、あなたのような人々と関わられることは、神にとっては、偶然以上のこと、必然のことなのです。そう、ここにおいて。

だから、神の愛は、その固有性のゆえに、わたしたちを不安にさせます。ヨハネの「言は肉となった」という御言葉のほうが、ルカにおけるベツレヘム、ナザレ、マリア、ヨセフの出来事よりも、わたしたちを安心させてくれます。ルカの物語がわたしたちを不安にさせるのは、わたしたちの日々の生活はさして重要ではないというわたしたちの思いに挑みかかってくるからです。わたしたちは、神が愛するように愛し愛されることを拒みます。それは、わたしたちのささやかな生活など、神にとってはさして重要ではないのだと思うと、どこかほっとするからです。もちろん、納税期間中に思いがけず誰かの妊娠が発覚しても、夜に羊の番をしている時に天から声が聞こえてきても、わたしたちは自分の作業を中断するには及ばないと考えてしまうのです。そう、ここにおいて。

まあ、わたしたちは、教会に来ることが好きですが、スフレのように甘くふわふわした普遍的な原理原則や一般的な概念、抽象的な思想というパイ生地をふるまってもらうのが好きなのです。しかしルカは、それはわたしたちに対する神の道ではないと言います。人類一般に関する、高尚で、耳に心地よい決まり文句ではなく、わたしたちは、貧しいユダヤ人の大工と、結婚前に妊娠をした若い妻が、ベツレヘムで夜を過ごすための場所を探す話を聞かされるのです。不公正の構造的な原因についての社会学的な抽象理論よりも、隣人を見つめさせられるのです。わたしたちが自分に不要な缶詰を詰め込んだバスケットを手渡すとき、その相手は目を伏せ、感謝よりも怒りの思いでいっぱいになるとしても。人類を愛することと、具体的な隣人を愛し、当然とも言える相手の憤りによってわたしたちの偽善的な決まり文句を挫かれること、この二つは別物なのです。そう、ここにおいて。

憎しみもまた同じように、固有性とか、特定性によって中断させられるように思います。イラクという言葉を聞いて、何を感じるでしょう？　無法な攻撃者？　ヒトラーに劣らぬ、熱狂的な狂信主義に取り憑かれたテロリストたち？

けれども、想像していただきたいのです。バグダッドから来た一八歳の若者が、家から遠く離れた砂漠で野戦服を着て身を震わせ、ガールフレンドの写真を一方のポケットに、母親の写真をもう一方のポケットに入れて、荒れた砂漠の向こう側にいる若者――ガールフレンドの写真を一方のポケットに、母親の写真をもう一方のポケットに入れているバーミンガムから来た一八歳の若者――を見つめている光景を。

普遍的なことだけに向き合っているなら、ずっとたやすく銃の引き金を引けるでしょう。だからおそらく、わたしたちの指導者は、固有性や特定性よりも、国際法違反や新しい世界秩序のルールという一般論を語るのでしょう。ジョンソン大統領は、砂漠ではなく密林の中での戦争〔ベトナム戦争〕への大衆の支持を失いましたが、それは、彼自身が自分の率直な思いを語ってしまったからです。「戦争とは、ある母親の息子に、別の母親の息子を殺しに行かせることだ」

もちろん、そのバグダッドから来た母親の息子がイスラム教徒であるならば、ルカ福音書第2章の物語など知らないでしょうし、クリスマスも知らないことでしょう。しかし、わたしたちはこの物語を知っています。神がわたしたちを愛するように、あの若者を愛しておられるということを。あきれるほどの特殊性の中で、顔と顔とを合わせながら、この若者ひとりだけを。そう、ここにおいて。

神はわたしたちを一人ひとり、顔と顔を合わせ、危険なほど特殊に個別に愛してくださいますが、わたしたちはその神と同じように他者を愛することを学びます。名前も顔もない暴力に満ちた世界において、神のなさり方にこそ、可能性があります。顔がなく、名前がなく、場所も特定されていないためにいっそう暴力的になってしまった世界において。

神が、わたしたちのただ中に、受肉されて共におられる方、インマヌエルとして来てくださったとき、世界全体の上空を飛び回っておられたのではありません。ベツレヘムに来られたのです。思想やプログラムとして姿を現されたのではありません。マリアとヨセフのもとに来られたのです。神がカエサルの軍隊に挑戦されることを決断なさったとき、新しい社会戦略として来られたのではありません、神は、イエスという赤子として来られたのです。

これこそが神のなさり方です。最初のクリスマスであれ、今年のこのクリスマスであれ、神のなさるやり方です。ですから、わたしたちの生活、とりわけその日常性、特別性に目を留めるべきです。名前を呼びながら、顔をのぞきながら、そうやって、神はわたしたちの間に、わたしたち一人ひとりに来てくださるからです。そう、ここにおいて。

子どもが与えられるとか、休みを取ってはるばるベツレヘムに住む親戚を訪ねるとか、税金を払うといった、ごくありきたりの、特定の、些細なことが贖い出されるのです。この場所において、あなたは神に捉えられるのを待つことができるのです。そう、ここにおいて。

経験豊かな神学者が集う、ある会議に出席したときのことです、ある講演者が、福音とは「神による、全世界に対する公正、正義、平和の構想への徹底的な服従」であると整理してみせました。

わたしの仲間はそれに対して、このように応答しました。オハイオ州の小さな町で、早朝、ひとりの女性がベッドから起きようとするとき、彼女は、地元の食堂に働きに行く前に、もう少しすれば知的な障がいを抱えたまま成人した娘の世話ができる日が来る、と楽しみにしている。この女性にとって、イエス・キリストへの「徹底的な服従」というもっとも偉大なる行為とは、ベッドから起き上がる前に、短い祈りを捧げるとき、愛する神に、この一日、最善をなせるように助けてください、と祈り願うことなのだ、と。

インマヌエルの神が我らと共にいます。そう、ここにおいて。

親愛なるウィル

この説教「ここにおいて」の一番よいことは、政治と神学とがどのようにつながっているかを述べたことです。成人科クラスのエピソードを導入として、あなたは政治に対するわたしたちの姿勢が、わたしたちの神学的な考え方をどのように映し出すかを見事に描きました。また、逆に政治が神学に影響することも示しました。あなたの説教を聴いて思い出したのは、クリスティナ・ソマーズ〔一九五〇―　。アメリカの哲学者、倫理学者。二十世紀のフェミニズムにたいする批判的な態度で知られる。主著*Who Stole Feminism*（1995）〕の評論です。ソマーズは、政治的に正しい意見を持つことが、現代においては、新しいタイプの自己義認になっていると論じています。誰かが愛情深い行為をするかどうかを問題にしなくてもいい理由として、その人が政治的に正しい姿勢をもっていることが使われるというのです。たとえば、その姿勢を実践するために、民主党左派に参加していれば十分だというような言い方になるのです。このような考え方が批判されるべき点を、あなたは見事に指摘し、批判していると思います。

ただし、個別性と普遍性を並列させて一般に見比べてみるという手法については慎重になる必要があると思いました。普遍性と個別性のどちらかを選び取るべしというのは、啓蒙主義者たちが期待する考え方です。ここで問題なのは、あなたの主張が、たとえば、何か普遍性と呼ばれるような態度を捨て、個別性と呼ばれる何ものかを選び取ろうとしているように聴こえてしまうことです。実は、本当はあなたは、普遍性も個別性も抽象的な理念であって、どちらを取っても偽りになると言おうとしているのでしょう。この話題をわたしの好みの表現で言ってみると、イエスよりも普遍的なものはありえないという主張になります。そういえば、先日あなたと話していたとき、「公共の神学」の主唱者たちは、イエスを論じるよりも正義を論じるほうが、万人共通の話題だから、一般の人には分かりやすいと言っている、とあなたは指摘しましたね。でも、彼らがしばしば気づくのは、正義という抽象的な観念ほど議論を引き起こすものはなく、合意を引き出すのが難しいということです。どうせ激しい論争になるのなら、イエスについても語り合ったらいいのにねと、わたしたちは話し合いました。

これに関連して、あなたは神話という観念と、物語という観念とを、巧みに並べてみせてくれました。しかし、個別性と普遍性の並列と同じで、神話と物語の区別にも慎重になる必要があります。あなたの比べ方は、これ以上ないくらい巧みなやり方でしたが、それでも気をつけてほしいのは、福音というものは、神話か物語かという区別によって左右されるものではないということです。福音と神話の根本的な違いは、マリアが産もうとしていたのはメシアであって、アテナ〔ギリシャ神話の女神〕ではなかったという信仰にあります。

気がついてほしいことがもうひとつあります。一例として、あなたは実に見事に、聖書は神は愛であると語らないで、神がマリアを、ヨセフを、イエスを愛されたと語るのだと説明しました。だが、そのあとで、修辞的《レトリカル》な質問を発しました。「このことの指し示している意味は何でしょうか」と。この質問は大きな誤解のもとになるのでないでしょうか？　なぜなら、この質問は、マリアの物語には、語られている物語以上の意味があることを示唆していると受け取られるからです。あなたは、その意味は、神がいつもわたしたちを個別に愛してくださることだと答えましたが、この答えはマリアの物語の範囲を超えていて、これこそは、あなたが絶対やりたくないと思っていたことなのです。わたしたちの問題は、このいきさつで分かるように、ある言語の論理と戦っているつもりでいながら、まさにその言語の論理の罠にはまってしまうことです。わたしも、自分の仕事で、いつも同じような状況に陥ります。そして、このことへの安易な解決策はありません。

ところで、マリアのような人、またジェインのような人に個別に神が訪れるとあなたが語ったとき、神はわたしたちに侵入してこられる、と言ったあなたの言葉に、わたしは感銘を受けました。神がいかにわたしたちを呼び出し、わたしたちの限界を超えさせようとなさるか、それをわたしたちが正しく理解するならば、「侵入」という言葉は、わたしたちが語らなければならない、神の荒々しいまでの関与を、まさに正確に表現していると思います。

もうひとつ、ちょっと心配なのは、あなたがヨハネ福音書とルカ福音書を、またもや並列して比較して見せたことです。もちろん、この二つの福音書を比べたときの全般的イメージとしてなら、あなたの言ったことは正しいのですが、それにしても、ヨハネによる福音書の冒頭二章の記述は、ルカの福音書と比べて、決して個別性において劣るものではありません。ヨハネによる福音書の冒頭、「はじめに言葉があった」と訳された、その「言葉」、つまりギリシャ語の「ロゴス」を、何のことだと思って読むかが問題です。その読み方しだいでは、もしかするとヨハネがルカよりも、個別的、具体的に読めます。

この点で、あなたは個別性と普遍性を論じましたが、個別性よりも具体性という言葉で語ったほうがよかったのではないかと思います。特に、わたしたちには何かが欠けているように感じられたのですが、それはデューク・チャペルの礼拝で聖餐が行われなかったことです。聖餐には、わたしたちが求めている「ロゴス」の具体性がすべて含まれています。もしあなたが、聖餐における具体性から出発して、わたしたちが礼拝する神はけっして普遍性の神ではなく、いま、ここに臨在する神なのだと説くことができたとしたら、わたしたちは、この神はユダヤ人の大工になってこの世に来られた神なのだと、正しい理解に達することができたはずです。

説教が、語られる場面のコンテクストに深く依存していることは十分意識しています。ですから、あなたがデューク・チャペルの礼拝を気に入っているわたしたちを挑発して、いつも言っていることを語ってもよかったのではないかと思います。わたしたちがここでの礼拝が好きな理由のひとつは、全体的に見てわたしたちは礼拝出席者の多くの人を個人的に詳しく知らないからなのです。これはたしかに一方的な見方であり、デュークのコミュニティーという呼び方で、わたしたちは仲間意識を持っています。しかし、まあ、デュークの礼拝は、好きなときにきて礼拝を守り、周りからとやかくかまわれずに帰ることができるというのが魅力のひとつであることは否定できません。すると、もしかしたらデュークは普遍性の理想を実現した礼拝なのかもしれません。わたしたちはお互いに見知らぬ同士《ストレンジャー》として礼拝に来て、それでいながら、神を礼拝することにおいてひとつに結ばれているのですから。

このような言い方に正当性が認められるのは、神はわたしたちを聖餐を通してより結びつきの強いコミュニティーに作り上げてくださることを、わたしたちが知っている限りにおいてです。だがこれは、自己欺瞞を生む危険性をはらんでいます。デューク・チャペルで礼拝するとき、わたしたちは隣の席の人が誰であるか気にも留めませんが、隣人の具体性こそは、礼拝が礼拝であるための基本なのですから。

もちろんこの具体性は、また同時にわたしたちを困惑させる具体性でもあります。というのは、わたしたちが人を知れば知るほど、その人たちを愛するようになりますが、場合によっては、ますます相手を憎むようになることもあると、よく知っているからです。わたしは、戦争についてのあなたの例証はすばらしいと思いました。とくに、現代において戦争がますます起こりやすくなっているのは、抽象的な理念による戦争になっているからだという話に感心しました。たしかに、領土の獲得のためとか、敵の政権を打倒するためとかいったような、はっきりした目的をもった戦争のほうが、誰にも意味のよく分からない、民主主義のための戦争などというものより、よほど健康的だと思われます。それでも、あなたのこの見解については、逆の論理もありうると思いました。イラクの兵士とアメリ力の兵士が殺し合えるのは、抽象的で普遍的なアイデアをお互いにふりかざしているからだというのですが、逆にお互いをあまりにも具体的に知っているときこそ、本当の殺し合いに発展する場合もあると思います。だからこそ家庭内暴力が、しばしば無残で破壊的な事態におちいるのです。もし戦争が、家庭内の争いのような激しさで遂行されていたとしたら、現代の世界人口はほとんどゼロになっていたかもしれません。だからといって、あなたが何よりも主張したかったこと——わたしたちが特定のものに注ぐほど激しい愛はないという主張が減じられるわけではありませんが。

それにしても、ローマ帝国の皇帝に対する神の答えがイエスという御方だったとしたあなたの説得力はすばらしいものでした。その議論の運び方こそは今日の説教を貫くテーマだったようです。さらにあなたが、障がいのある娘のために毎朝毎晩祈る女性のことをこの説教に結びつけたのは非常に適切なことでした。その彼女の思いやりこそが、神の平和をあらわしており、戦争に対する代案となりうるものなのです。

この説教の力強さを示す証拠として、わたし自身が、この説教のすぐ後で讃美歌「ああベツレヘムよ」〔『讃美歌21』267番〕を歌ったとき、この歌をとても好きになったことをあげたいと思います。実はわたしはこの讃美歌が嫌いなのです。平凡なクリスマスの讃美歌の中でも一番陳腐な歌で、手のほどこしようがないほどセンチメンタルだと思っていました。ところが、説教を聴き終わるまでの間に、この讃美歌が新しい力をもって迫ってくるようになりました。ここで歌われているベツレヘムは何だかドイツの田舎町くさいぞと思いはしたものの、この特定の町にイエスがお生まれになったのはすばらしいことだと感じたのです。あなたの具体性が有効に働いたので、わたしは喜んで歌いました。

この説教であなたはまたもや、わたしたちの生をイエスの生の中で物語ることに成功しました。わたしたちの人生の一つ一つの具体的な問題は、神の物語を通して見ることによってのみ意味をもつのだと再確認させてくれたのです。これはそんなにたやすく実現できるわざではありません。それをあなたは、このアドベント／クリスマスの説教ですばらしく上手にやり遂げました。あなたの説教の技巧《アート》をわたしが充分に評価していないというあなたの苦情について、いろいろ考えさせられています。全般的にはまさにそのとおりと言わざるをえません。でも、この説教では、あなたが物語やイメージを次々に並列することで、福音を力強く、輝ける単純さで伝えてくれた、その驚くべき技巧に、わたしは舌を巻いています。

平安あれ
スタンリー

あとがき

あるとき、わたしたちのチャペルのふたりの音楽家が、ある現代音楽の作品の演奏について相談しているのを耳にしました。「あの作品を演奏するオーケストラと歌手を集めることができるかな？」。そのうちのひとりが言いました。

「ああ、もちろん。演奏者を集めることには、何の問題もないよ」。もうひとりが答えました。「問題は、それにふさわしい聴衆が見つかるかどうかだろうね。ダーラムの人々の鑑賞力は、演奏家たちにあの作品全体を演奏してもらって、その努力をちゃんと分かってくれるほど磨かれてはいないと思うんだ」。演奏家の真価が発揮されるかどうかは、その音楽を聴く訓練を受けた聴衆次第なのだということを、わたしはそれまで考えたこともありませんでした。

この会話は、教会を通り過ぎていく人《ストレンジャー》への説教という伝道の課題に関して、スタンリーの考察がわたしの中に呼び覚ましてくれたことの要約とみなすことができます。

会衆のほうが自分たちにふさわしい説教者を得るものだ、とわたしは昔から思っていました。真摯な説教は、人々がそれを真摯に聴いているかどうかに、驚くほど依存しています。わたしの前任の教会に、ある女性がいました。彼女は教師で、わたしが説教でよくがんばったと感じたときは、説教のあとでコメントをしてくれました。それを自分の務めとし、そのことをもってわたしを励ましてくれていたのです。また、それはひどい説教から自分自身を守るための、彼女なりの方法でもありました。よい説教にはよい聴き手が必要なのです。

スタンリー・ハワーワスが説教を聴いてくれるとき、そこにはただならぬ会話が生じます！　スタンリーは友人なので、その応答は通り一遍のものではなく、かなり辛辣なものになりがちです。「先生、よい説教でしたね」などといった挨拶ではすまされません。このような挨拶はたいてい、会話を促すどころか終わらせてしまいます。スタンリーは神学者ですから、わたしたちが説教をしたり聴いたりするときに、わたしたちが実は何を語っているのか、何を語るのを怠っているのかをわたしたち説教者に告げるという使命を、神から、そして教会から授かっています。わたしは喜んで、スタンリーと共にこの本に携わることにしました。わたしの神学的無防備さをそのままで、彼の鋭く射貫くようなまなざしに、喜んでさらすことにしました。なぜなら、スタンリーほどわたしたちの欠点をずばりと指摘してくれる神学者は、ほとんどいないと思ったからです。

本書の序文でスタンリーは、わたしの説教を読みはじめたとき「何かが足りない」と感じたと書いています。しかしむしろ、わたしが説教をするときに起こっているかもしれないことへのスタンリーの分析にこそ、何かが足りないと言うべきでしょう。わたしが携わっている特定の牧会的環境をスタンリーは知りませんし、知るはずもありません。「普通の人々」の方向を決定づける助けとなった、ある新入生と交わした五分間の会話。「さらにもっと」のきっかけとなった、死に瀕した高齢者の病床訪問。スタンリーは説教を扱うとき、礼拝という文脈から切り離し、まるで書評をするときのようにしています。「主の日」についてのスタンリーの批判の多くは、わたしにとっては、その説教の直前に聖歌隊が（ドラムの伴奏と共に）歌った見事な現代の讃美歌の傍らで語られたものでした。そしてわたしが「自由」を語り終えた直後に、会衆が「主よ、わが身をとらえたまえ」（『讃美歌21』529番）を歌ったことは、（少なくともわたしにとっては）大きな意味のあることでした。もちろん、説教の批評者が何もかもできるはずはありません。美的感覚のことでスタンリーを非難した人は、これまで誰もいません。わたしの説教を読んだときに、スタンリーが欠けていると思ったものは、「説教を説教たらしめるきわめてドラマティックな性格」、すなわち、言葉が実際に聴かれるときに生じるもの、ゲルハルト・エーベリンクならば「言葉の出来事」と呼んだであろう「生きた言葉」でした。とはいえ、エーベリンクのこの表現は、実存的な説教の開始を告げるものとなりましたから、スタンリーが言おうとしていることに適合しないでしょう。エーベリンクの「出来事」とは、あまりに刹那的で、個別化され、主観化されたものであり、スタンリーに言わせれば、もはや教会を必要としなくなった者たちが作り上げた神学の類であるからです。

スタンリーは序文の中で、ジョージ・リンドベックとアラスデア・マッキンタイアに言及しています。キリスト教会の説教は、ある共同体がそれをどんな目的のためにどのように聴くべきかを知っているかどうかによって違ってくるということを認識させる助けとするためです。わたしはデューク大学の文学批評の研究者、スタンリー・フィッシュのことも思い出しました。フィッシュは、あるテクストが意味を持つためには「解釈共同体」が必要だと言っています。与えられたテクストを読むにあたり、わたしの解釈共同体は、わたしがそのテクストから何を期待するような文化をこのわたしに与えているか。解釈共同体の存在次第でそこに大きな違いが生じる、とフィッシュは述べています。「巧みな読みとは、通常、そこにあるものを識別することだと考えられている。しかし、……それは、後でそこにそれがあると言うことのできるものの生み出し方の問題だ。解釈は分析の術ではなく構築の術である。解釈者は詩を解読するのではない。詩を作るのである」(1)

初めてフィッシュを読んだとき、彼に異議を唱えたいと思いました。説教を準備するために与えられたテクストを見るとき、わたしは説教者として、テクストの完全な「異質さ」に衝撃を受けることがしばしばあります。テクストの主張がどんなにわたしの前に立ち現れ、挑戦を突きつけ、攻撃をしかけてくることか。本書の中で最良の説教のいくつかには、テクストと出会ったときの説教者のショックと驚きが表れています。この驚きはフィッシュの論点に、すなわち、あるテクストの中に「あるもの」は、わたしが説教者としていつも携わっている「後でそこにそれがあると言うことのできるものの生み出し方」ほど重要ではないという主張とは、真向から対立するような驚きなのです。

とはいえ、わたしの説教についてのスタンリー・ハワーワスの解説では、たしかに、解釈共同体の成り立ちが、説教を大きく左右すると言っています。彼はティリッヒを、ある共同体に対して説教しただけでなく、こちらがより重要なのですが、ある共同体の中から（最初はドイツの大学の中から、続いてアメリカの大学の中から）説教した人物として挙げています。そこでティリッヒは、聴き手に理解してもらうためには、テクストを現代思想（実存主義など）の言葉に移し変えなければならないという確信をもって、テクストにアプローチすることになりました。テクストの「具体的な適用」を現代の説教者は説明する必要があり、テクストの聴き手となりうるのは、どんなテクストによっても動じない主観をすでに築いている人だけだというのです。

わたし自身と聖書の言葉との出会いは、わたしに聖書を聖典として読むことを教えてくれた解釈共同体に拠っています。わたしにとっては、あるテクストと「出会う」という表現さえ、聖書がわたしやわたしの説教の聴き手に何かをしてくれるに違いないという期待を、わたしが共同体の中で抱くようになったことを証言しています。シェイクスピアのテクストの多くは、聖書のテクストと同じように異質です。ただし、両者には違いがあります。わたしたちキリスト者は聖書に従って生き、聖書に従って死ぬことができるよう励んでいますが、シェイクスピアの劇については、そうではありません。つまりテクストが「異質」かどうかは、そこではまったく関係がないのです。

このように、説教は聴き手の共同体に依存しています。そしてその共同体が、説教として語られる聖書に、聖典として、そして、正典として、つまり、信仰と実践の「規則」であり、他の物語すべてを取り込み変容させてしまう大いなる物語《マスター・ストーリー》として耳を傾けることに、どれほど熟達しているかにかかっているのです！　説教者として、わたしはその共同体に語りかけるだけではなく、その一員でもあります。ですから、日曜日にわたしたちがどのような「言語ゲーム」のもとに集うのか、どのような「規則」に従ってそのゲームを行うのかによって、大きな違いが生まれます。スタンリーによれば、わたしがゲームを台無しにしていることがよくあるそうです。日曜日の説教で、わたしが誤った規則に従ってゲームをした、ひとつの解釈共同体（現代のアメリカの大学）から語った、というのです。そうではなく、わたしは聖典である古代中東のテクストにもっと耳を傾けながら、洗礼を受けてまったく別の共同体（教会）に加わることの意味を探るべきだった、というのです。日曜日の朝に教会にいるとは、異なる解釈共同体の衝突に巻きこまれることです。わたしたちの多くは、教会以外の解釈共同体で条件づけられながら人生の大半を過ごしてきました。ですから、もしもある牧師の説教が奇妙に聞こえ、自分が部外者《ストレンジャー》のように思えることが少しもないとすれば、おそらくその牧師の説教のやり方は間違っているのでしょう。このことから、スタンリーが聴きわたしが説教した本書の説教に欠けているように思えたものが見えてきます――そう、それは教会です。少なくとも目に見える形での教会、スタンリーやわたしのようなメソジスト派にとって、それこそが教会なのです。このようなわけで、わたしたちは説教とそれに対するコメントを集めた本書を、『教会を通り過ぎていく人への福音』と呼ぶことにしました。

スタンリーは序文の中で、デューク大学のチャペルは説教をする場として独特であると言っています。でも、本当にそうでしょうか。説教者の多くは、わたしの言う意味がお分かりかと思います。日曜日ごとに「ただ通りかかっただけ」の人たち、わたしたちと共通の物語や伝統を持たず、物語も伝統も持たないということだけが自分たちの共通点である観光者たちに説教するとは、いったいどういうことであるかを。本書に書かれた説教上の試行錯誤が、まさにこの点で説教者たちの悩みに応えるものとなれば、と願っています。わたしたちの聴き手は「野蛮人《バーバリアン》」ではないかもしれませんが、それでもやはり寄留者《ストレンジャー》たちなのです。この観点から見ると、福音伝道の説教（わたしはデュークのチャペルを「福音派のテント［evangelical tent］」とは呼ばず、福音伝道のテント［evangelistic tent］と呼びます。そこには違いがあると思うのです）は、キリストの名において、寄留者《ストレンジャー》たちへのもてなしを提供する説教なのです。

ハワーワスが述べているように、キリスト者が通り過ぎていく人《ストレンジャー》たちと対話するとき、そこには危険が生じることがあります。わたしはこのような説教の危険性を、スタンリーからではなくルカから学びました。[2] ルカは使徒言行録の中で、見知らぬ人《ストレンジャー》たち——そこには、同朋のユダヤ人も異邦人も含まれています——に対する説教への関心を明らかに示しています。使徒言行録全体を通して、ルカはキリスト者を、いつでもどこでも、誰に対しても、異邦人にさえも、話しかける人たちとして描きます。異邦人に話しかけるときに問題となるのは、彼らには聖書が引用できないことです。もしも聖書を引用するなら、その解き明かしに膨大な時間を費やさなければなりません。したがって使徒言行録では、説教者によって回心させられた異邦人はそう多くはありませんでした。そして回心する人がいた場合、ルカは一般に、それをまったく予期せぬ聖霊のわざとして書き留めています。つまり説教者もほかの人と同様、その聖霊のわざにあぜんとしているのです。

ルカの見解によれば、説教において真に刺激的なことの大部分は、そして真に危険なことのほぼすべては、宣教《ミッショナリ》や福音伝道の説教の中で生じます。イエスについて聞いたこともない人々（部外者《ストレンジャー》たち）にイエスのことを何とかして語ろうとするとき、福音伝道は往々にして弁証的なものに成り下がりかねません。ルカが描いた説教者たちは、聴き手から受け入れられるのと同じくらい拒絶されることを承知していましたし、実際、そのとおりでした。ですから、彼らは繰り返し教えました。説教するのと同じくらいの時間を、教えることに費やしたのです。なぜなら福音伝道が教会自身をもっとも脅かす活動となりかねないと、彼らは知っていたからです。誤った道に簡単に迷い込んでしまうのです。わたしたちは、イエスが決してお望みではなかったような、なじみやすい言葉で飾られた教会に人々を引き入れ、それを伝道と呼んでしまうのです。

伝道説教と呼ばれるわたしたちの説教の多くは、実に弁証的です。わたしたちの周りには至るところティリッヒだらけです――テレビでは、大衆受けのする陳腐な言葉が福音として語られ、ある大学のチャペルでは、ブルジョワのハイカルチャーの主観がそれにぴったりの語り口で届けられます――。ハワーワスはわたしを、終末論を実存化している、もっと慎重であるべきなのに「経験―表出」主義者になっている、神の恵みについてあまりにも気前よくふるまいすぎているといって批判しています。もちろん、そのとおりで、スタンリーは正しいのです。部外者《ストレンジャー》に向けて扉を開いてごらんなさい。彼らを回心させるどころか、彼らによってあなたのほうが回心させられてしまうかもしれません。外へ出かけていって人々を愛そうとするなら、彼らに誘惑されざるをえないのです。

しかし、少なくとも、もっとも重要な問題は回心であるとわたしが理解していることは認めていただきたいと思います。スタンリーが言っているように、キリスト教とは、回心を経ることなしには知りえない生き方です。心理的な自己肯定感を高める言語にイエスを翻訳しても、キリストの弟子であることの意味は理解できません。『ボヴァリー夫人』の英訳を読んで、フランス語が理解できるようになるくらいの程度にしか。わたしたちの多くは、現代の西洋の理解の仕方や生き方にすっかり回心させられてしまっているため、自分がそこに取り込まれてしまっていることにさえ気づいていません。自分の置かれた現在の文化的状況がまともに思えるのに対して、キリスト教の人生観が奇妙なものに見え、それになかなか慣れることができないのは、まさにこのためです。

日曜日にデュークのチャペルに集う人々が「通り過ぎていく人たち《ストレンジャー》」であるとスタンリーに言ったのは、誰でしょう？　彼らはどのようにして、その人々が通り過ぎていく人たち《ストレンジャー》だと思ったのでしょう？　彼らには物語や伝統がないとスタンリーはぼやきますが、共同体には物語と伝統が不可欠であること（というか、真実にあふれた共同体には真実の物語が不可欠であるということ）そのものを、彼らは理解していません。教会生活の中で、そのことを教えられたことがなければ。

日曜日のデュークの会衆は、おそらく共通の物語と伝統が欠けている状況を、人間のごく当たり前の状況だと考えているでしょう。人間のもっとも重要な特徴は一人ひとりがばらばらの主観を持っていることにある、と教え込んだほうが、人間を管理したり操作したりするのに都合がよいことをわたしたちの文化は発見したのです。皮肉なことにも、西洋文化は、人間はどんな物語や伝統や共同体に対しても責任を負う必要はなく、一人ひとりが自分で決断を下すことだけが重要だと確信させることによって、わたしたちをひとつの群れの中に追い込むことに成功したのです。そうしてイエスは、わたしたちが決断を下す——福音派なら「キリストのために決心する」と言いますが——上で、時にはこんなことをしてみるのもおもしろいかもしれないといった選択肢のひとつに成り下がらされてしまいました。

このわたしをいったい何が奇妙《ストレンジ》にさせるのか、そのことを福音を通して教えてもらうことがなければ、わたしの目の前に座っているこの人たちが「部外者たち《ストレンジャー》」であることを、どうしてわたしが知ることができるでしょうか？　スタンリーの場合は、この人たちが自分のようにテキサス訛りではないから、わたしの場合は、この人たちが自分のように南部訛りではないから、彼らが部外者《ストレンジャー》だと考えるかもしれません。いや、そんなことではありません。この人たちが奇妙な人《ストレンジャー》たちなのは、ひとえにイエス・キリストが彼らのためにも死んでくださったから、彼らをも弟子になるようにと招いてくださっているからです。しかし、彼らはそのことを知らないでいるのです。何よりもひどいことには、わたしもそれを知らないでいます。つまり、こういうことです。説教を聴けばお分かりでしょうが、わたしは彼らに、わたしたちをひとつに結び合わせうる主要な要素はわたしたちの「共通の人間性」であるかのように語り続けています。ですから、わたしは説教を、わたしたちに共通する奴隷状態、あるいはどこにでもある抑うつ状態、情欲などについて話すことから始め、それからこれらの共通の問題に対処するためのよりよい方法として福音を持ち出しています。キリスト教はこのように、わたしたちがすでに知っていることに意識を向けるためのものに成り下がっているのです。わたしの説教に対するスタンリーの応答を見ればお分かりのように、彼はわたしがキリスト教を弁証学に変えてしまっているところを幾度も取り押さえています。メア・クルパ（わが過ちなり）。

ああ、福音によって変容される必要があるのは、説教者であるこのわたしです。わたしは知っています。会衆が「通り過ぎていく人たち《ストレンジャー》」になるのは、わたしが会衆から隔たっていると認識するときではなく（わたしは自覚している以上に彼らの兄弟です）、わたしが福音から、見知らぬ方《ストレンジャー》としてわたしたちのもとへ来られた方の生、死、そして復活から隔たっていると認識するときであることを。この方はあまりに異質なので、わたしたちは必然的にこの方を殺さずにはいられませんでした。しかしこの方はわたしたちのもとに戻り、わたしたちを赦し、ご自分の友となるよう招いてくださったのでした（この行為によって、彼はわたしたちにとって究極の異質な人《ストレンジャー》となりました）。

イエスの福音に対して抱いていた悪意にもかかわらず、わたしがこの方に受け入れられたことこそは、わたしの知る限り、わたしが他者を受け入れられるようになるための唯一の根拠となっています。

かつては見知らぬ人《ストレンジャー》たちであったこの人々をキリストにある兄弟姉妹と思えるようになり、そしてまた、この方がわたしたちを造り、わたしたちをこの方の作品だと呼ばれたとき、この方がわたしたちに与えようとしておられたあの壮大なる「正常状態」をふたたび味わいながら、他者を受け入れるのです。そしてあの壮大なる「正常状態」（あるいは、少なくともその前味）こそが、教会と呼ばれているものなのです。

こうしてわたしたちは、これらの説教に大きく欠けているものに戻ってきました。スタンリーにはあれこれ批判されましたが、これらの説教がそれほど間違っているわけではありません。教会という薬を十分服用すれば、なおせるような間違いです。キリスト者の説教には、変容とイニシエーション、つまり、洗礼が必要なのです。わたしの説教は最良の場合、洗礼を受けた者の証言と、洗礼を受けていない人たちへの証言となっています。すなわち、洗礼を受けた者にとっては、洗礼後の人生がいかに驚異と冒険に満ちているかを語る証言であり、洗礼を受けていない人たちに対しては、キリストにある生き方とは「あなたは同意しますか」という単なる知的な議論であるよりも、「あなたも参加しませんか」という政治的問題なのだという証言なのです。洗礼を受けている人たちに対しては、説教は最良の場合、洗礼の実際的意義をこれからも探り続けるようにという招きとなります（ルターによれば、洗礼には数分しかかかりませんが、それを全うするには全生涯を費やさなければなりません）。洗礼を受けていない人たちに対しては、説教は少なくとも、過去と現在の普通のキリスト者がキリストの弟子としていかに生きたかを指し示さなければなりません、しかも洗礼を受けていない人たちが見聞きすることが、あまり退屈ではないようにと願いつつ。退屈さのためにイエスが侮辱されるようなことがあってはいけませんから。

スタンリーとわたしが『旅する神の民』(3)を書いたとき、この本を読んだ牧師たちからたびたび質問を受けました。「きみはなぜ、そんなに教会が好きなのだ？　デュークのチャペルは普通の教区教会とはまるで違うのに」。たしかにそのとおりです。たぶん教会から遠く隔たった説教卓に立つことによって、福音を説教するためには、継続して努力し、証言し、変化していく共同体がどれほど重要であるかを見わたせる機会が与えられたからでしょう。また、わたしたち説教者が、福音を実際に生きるために日々格闘している人たちにいかに依存しているかということ、彼らの格闘があればこそ、福音を語ろうとするわたしたちの努力が信用に値するものになることを、あらためて気づかされたからでしょう。デュークのチャペルで説教することがどれほどたいへんか、説教者仲間は驚くにちがいありません。尖塔は七〇メートル余り、聖歌隊員は一五〇人、大きなオルガンが四つもあるのですから。

わたしの説教は最悪の場合、たいていは技巧を凝らしながらではありますが、教会を知らなくてもすでにわたしたちが知っていること、相手をうっとりさせる考えを告げるだけのものになってしまいます。「この世界に語りかけたい」と願うあまり、つい身を乗り出しすぎ、わたしはときどきそこにはまりこんでしまうのです。

自分の不誠実さに気づくとき、その気づきはわたしに与えられた恩寵にほかならず、まさに恵みなのだと分かります。ここに集めた説教の場合、その恵みには名前と顔があります。それはスタンリーという恵みです。説教者であるわたしにとって、彼の友情は、説教者であるわたしがいかに驚くほど教会に依存しているかを、毎週、思い起こさせてくれます。わたしがしばしば語っているだけにすぎない真理、イエスという名前と顔を持つ真理、その真理にわたしよりもはるかにしっかりと耳を傾け、その真理を具体的に生きている教会に、わたしはどれほど依存していることでしょう。スタンリーの応答は、わたしに次のことを気づかせてくれます。説教者として、聴き手として、キリストにある友人同士であるわたしたちがまさにしようとしていることは、互いにキリストに忠実であろうとする闘い、この世的に見ればあまりにも変わった闘い、失敗しやすいがゆえに赦しの機会ともなりうる闘いなのだ、と。忠実なキリスト者であると同時に大学教授でもあり、日曜日の福音の聴き手としてまさにうってつけのスタンリー。そのスタンリーが福音を誤解しているわたしを赦してくれるならば、わたしは説教者を批判することで生計を立てている（なんという恵みでしょう！）彼を赦すことができます。わたしたちの友情を、そしてこの対話を、ひとつの小宇宙として、教会の中の小さな教会としてお捉えください。今日を生きるキリスト者として語り、聴くとはどのようなことであるのかを、かつて遠くにあった者たち《ストレンジャー》が今は神の恵みによって教会になったとは、いったいどのようなことであるのか、を。

ウィリアム・ウィリモン

注

（1） Stanley Fish, *Is There a Text in This Class?* (Cambridge, Mass.: Harvard University Press, 1980), pp.326-327.〔フィッシュ『このクラスにテクストはありますか』小林昌夫訳、みすず書房、一九九二年、一一二頁〕
（2） William H. Willimon, *Acts: A Commentary for Interpretation* (Louisville, Ky.: Westminster/John Knox Press, 1989).〔ウィリモン『使徒言行録』現代聖書注解、中村博武訳、日本キリスト教団出版局、一九九〇年〕
（3） Stanley Hauerwas and William H. Willimon, *Resident Aliens: Life in the Christian Colony* (Nashville: Abingdon Press, 1990).〔ハワーワス、ウィリモン『旅する神の民――「キリスト教国アメリカ」への挑戦状』東方敬信・伊藤悟訳、教文館、一九九九年〕

訳者あとがき

本書でウィリアム・ウイリモンの説教にコメントしている神学者スタンリー・ハワーワスは、一九八〇年代以来、物語の神学、信仰共同体の強調、キリスト者の性格形成の叙述などによって現代アメリカの神学界に重要な貢献をなしてきた。したがって、二十一世紀には彼の声を無視できなくなったと言える。さらに二〇〇〇年、二〇〇一年には英国のギフォード講義（英国スコットランドの諸大学が合同で主宰している自然神学についての連続講座）の講師ともなり世界的な名誉も与えられている。私は、一九九六年から九七年にかけて在外研究の機会を与えられ、デューク大学神学部で彼と共に研究生活を過ごした。スタンリーは、妻が合同メソジスト教会の牧師であったので地域の所属教会の忠実な教会員として毎日曜の礼拝に出席していた。さらにデューク大学にはキャンパスの中心に立派な堂々とした建築物のデューク・チャペルがあり（ウィリモンはそこの主任牧師でもあった）、時には妻が日曜礼拝の司式をするので、彼はそこにも出席し、たまにそこで奨励することもあった。つまり所属教会の忠実な信徒として地域教会の礼拝に出席し、大学礼拝の責任も果たしていた。私は在外研究中、デューク・チャペルの日曜礼拝に出席し、また隣町のラーレーにあるバプテスト教会の日本語礼拝にもたまに参加していた。在外研究期間初期の五月にスタンリーが車で誘いに来てくれたので、彼の所属する地域教会の礼拝に出席し、彼が忠実な教会員として会員の仲間と共に毎日曜日を過ごしている様子も確認した。私が在外研究で最初に彼の研究室を訪れた時、「親友を紹介したい」といって新約学のリチャード・ヘイズ氏の研究室に連れて行ってくれたことも懐かしく思い出す。

ところで彼の『平和を可能にする神の国』（新教出版社）は小生の邦訳（一九九二年）後、一九九六年にはドイツ語訳になり、彼の声は世界的な高音になり始めていた。そして二十一世紀最初のギフォード講義の講師になった。彼の経歴を記すと、一九四〇年七月二四日にテキサス州で生まれ、聖書テクストそのものの自律性を強調し物語構造を分析するニュー・クリティシズムの拠点であったイェール大学神学部で学び一九六八年にはＪ・ガスタフソンの影響下で博士号を取得した。彼は合同メソジスト教会に所属していたが、教歴は変化に富んで興味深くまた人脈もメノナイトからカトリックまで豊かであった。一九六八年から七〇年までイリノイ州のアウグスタ大学（ルター派）の助教授、一九七〇年から七四年までノートルダム大学（カトリック）の助教授さらに一九八四年まで教授をつとめ、一九八四年からデューク大学神学部（メソジスト派）の神学的倫理の教授となり、多くの大学、研究機関で客員教授をつとめ、すでにデポー大学（一九八八年）とイギリスのエディンバラ大学（一九九一年）から名誉博士号を与えられた。ちなみにギフォード講義直前に来日して青山学院の他いくつかの場所で講演した。

彼の神学的旅路をえがくと、イェールの学生時代にハンス・フライから福音の使信を物語として展開する方法を身につけ、神学者ジュリアン・ハットから生きた教会のための神学というスタンスに目を開かれ、カール・バルトに敬意を払う姿勢を持った。彼は、メソジスト教会の信仰的伝統の聖化をこよなく愛し、それをキリスト者の性格形成と美徳の倫理学へと展開させ、アリストテレスやトマス・アクィナスと対話をする幅広い神学的倫理学を展開している。また、ノートルダム大学時代の同僚メノナイト派の歴史神学者ジョン・ハワード・ヨーダーの立場に影響を受け、キリスト教社会倫理のパラダイムとして聖書のイエス物語を尊重する主張に共感し、E・トレルチやニーバー兄弟のもたらしたメインラインのリベラルな伝統を克服しようと試みていた。弟子性を強調する教会論、非暴力的愛を生活の印にするキリスト教倫理の展開を積極的にすすめた。デューク大学では、さらに一歩すすめてポスト・モダンの文学批評と社会哲学との対話を刺激的な仕方ではじめ、新しい聖書理解の方法とキリスト教倫理学の展開を実行した。それは、スタンリー・フィッシュの批評学と対話し、聖書を「解釈共同体としての教会」で解釈しなければならないとした。彼のデューク大学神学部での「キリスト教倫理」の講義は大教室に溢れんばかりの学生が参加していた。近年世界的に注目されたのは彼のギフォード講義、*With The Grain of Universe: the Church's Witness and Natural Theology*（Brazos Press, 2001.『教会の証しと自然神学――宇宙の筋道にそって』日本キリスト教団出版局より邦訳予定）である。それは二〇〇〇年、二〇〇一年にスコットランドのセント・アンドリュース大学で行われた講座であった。

さらに興味深いのは、宗教社会学者ロバード・ベラーが、『意味と近代性――宗教、政治、自己』という彼を記念した宗教社会学の書物にハワーワスの論文「キリスト者であることとアメリカ人であること」を収録し、スタンリー・ハワーワスに関心を払うだけでなく、その主張に賛成することを表明したことである。それによると、ベラーは、かなり長い間スタンリー・ハワーワスの神学的倫理に関心を寄せてきたが、いまや「彼との一致点が多くあることを明らかにしたい」と告白した。それは、スタンリー・ハワーワスの基本的主張である「教会の第一の課題は、教会であることである」とする立場を肯定するからである。なぜなら、アメリカ人は、地上における神の国が国家ではなく、教会（the Church）に宿ることを認識し損なってきたと判断するからである。教会は、傷のない制度というわけではないが、神の国の前味が宿るところである。ベラーによれば、「教会が教会であり、文化が文化であるという定式は、教会が文化のサナギであるような私達の社会では判り難い」が、あらためて「啓蒙主義的リベラリズム」の限界を指摘する意味で、自分もハワーワスに同意することを明確にしたいとした。また、ベラーによれば、アメリカの文化は、「世俗化されたプロテスタンティズム」であるが、さらに社会学者としてベラーがスタンリー・ハワーワスの神学的貢献に期待するのは、「神学、倫理学、教会論を一つのまとまりとして成立させ、分割しては理解できない」とする点である。そして、市民宗教ではなくて、ハワーワスが考えている「真の宗教改革的でカトリック的な教会」をさらに展開してほしいと期待した。

このように宗教社会学者ベラーに言わしめたスタンリー・ハワーワスは、「分派主義者、信条主義者、部族主義者として」という刺激的見出しで、ベラーの書に一文を寄せたが、そのような「名誉な呼称」をリベラルな主流派からもらったのは、自分がアメリカ文化に妥協せず、「真実な神礼拝をなしうる民となるように人々に呼びかける神学者だからだ」という。彼が厳しく批判するのは、キリスト教の影響力低下を気にする人々が「公的領域」でその主張を表現するのにキリスト教言語ではなく、自然法的言語や中立的言語を用いようとするからである。ハワーワスによると「ポスト・リベラルの神学」では言語使用がすぐに「生活世界」に影響するのである。ベラーは、ハワーワスのギフォード講義を暗示して、「カトリックの伝統とメノナイトの平和的信仰の関連性」を求める。なぜなら、彼のギフォード講義の結論の章がヨハネ・パウロ二世とジョン・ハワード・ヨーダーの神学的言語の尊重とキリスト者の証しを日常的な非暴力的愛で生きることで締めくくるからである。宇宙の秩序を地上に反映する役割を果たす課題となる。つまり、パックス・アメリカーナから脱出してパックス・クリスティへの道を求めることになるのである。

ところで、ウィリアム・ウィリモンとスタンリー・ハワーワスの共著 *Preaching to Strangers* を神学研究会で読み始めたのは、日本基督教団東京教区西南支区に属している代田教会の牧師平野克己氏と近隣の富士見丘教会で大学と兼任していた東方敬信がそれぞれ複数牧会をしていくことになった時期に、教会形成と伝道に神学的土台を共有してあたろうと始めた神学研究会で読み始めたのがきっかけであった。そこにそれぞれの知人や友人である比較的若い牧師たちが参加するようになって今も続いている。本書のそれぞれの章の説教とコメントの部分を参加者が当番をきめて訳文を発表し、しかも、互いの牧会経験を交えて討論をしてきた。順不同であるが、東方、平野以外に、秋葉恭子、上田好春、七條真明、須田毅、洪徳憙《ホンドッキ》、小田島修治、柳田洋夫、五十嵐成見の方々であった、多少の出入りはあるがさらに数人加わって現在もその神学研究会が続いているのは大きな恵みである。本書によって教会の礼拝説教とそれから生まれる証しの生活が力強く進むことを祈りたい。

二〇一六年七月

東方敬信

東方敬信《とうぼうよしのぶ》

1944年生まれ。青山学院大学経済学部卒業。東京神学大学修士課程修了。日本基督教団銀座教会副牧師、経堂緑岡教会牧師、富士見丘教会牧師、青山学院大学宗教主任・経済学部教授、デューク大学客員教員、国際マネージメント研究科教授、総合文化政策学部教授を経て、現在青山学院大学名誉教授。フェアトレード運動を学生と共に実施。

著書：『H・リチャード・ニーバーの神学』、『キリスト教と生命倫理』、『神の国と経済倫理』、『生きるための教育』、『文明の衝突とキリスト教』、『地球共生社会の神学』他。

訳書：H. R. ニーバー『近代文化の崩壊と唯一神信仰』、J. ガスタフソン『キリスト教倫理は可能か』、G. カウフマン『核時代の神学』、S. ハワーワス『平和を可能にする神の国』、ハワーワス＆ウィリモン『旅する神の民』（共訳）、J. マッコリー『平和のコンセプト』他。

平野《ひらの》克己《かつき》

1962年生まれ。国際基督教大学卒業。東京神学大学大学院修士課程修了。日本基督教団阿佐ヶ谷教会、金沢長町教会を経て、現在、代田教会主任牧師。2003年、2013年にデューク大学神学部で客員研究員として過ごす。

著書：『主の祈り　イエスと歩む旅』、『いまアメリカの説教学は』、『祈りのともしび』（編著）他。

訳書：F. B. クラドック『権威なき者のごとく』、S. ハワーワス＆ W. H. ウィリモン『主の祈り』、W. H. ウィリモン『洗礼――新しいいのちへ』、R. リシャー『説教の神学』（共訳）、バーバラ・ブラウン・テイラー『天の国の種』（共訳）他。

W. H. ウィリモン、S. ハワーワス

教会を通り過ぎていく人への福音

――今日の教会と説教をめぐる対話

2016年 8月25日　初版発行

訳者――東方敬信、平野克己

発行――日本キリスト教団出版局

169-0051　東京都新宿区西早稲田2丁目3の18
電話・営業 03（3204）0422，編集 03（3204）0424
http://bp-uccj.jp

印刷・製本―三松堂印刷

ISBN978-4-8184-0948-4　C0016　日キ販

Printed in Japan